나를
잃어가면서
지켜야 할
관계는 없다

나를 잃어가면서 지켜야 할 관계는 없다

이지영 지음

스몰빅라이프 SMALLBIG LIFE

Prologue

다가가긴 두렵고 홀로 있긴 외로운 당신에게

상처받지 않고 사는 사람이 있을까? 우리는 모두 서로에게 알게 모르게 상처를 주고받으면서 살아간다. 나는 상처 준 적이 없는 듯한데 신기하게도 나에게서 상처를 받았다는 사람이 있고, 상대는 전혀 그런 의도가 없었다지만 나는 상처받아 아프다.

나 또한 어릴 때부터 상처를 잘 받는 편이었고, 상처받을 때마다 정말 아프고 고통스러웠다. 이렇게 혹은 저렇게 하면 좋은 관계가 될 거라 기대했지만 그렇지가 않았고, 수많은 시간과 애정을 투자했음에도 불구하고 아무것도 아닌 게 되어버린 관계가 수두룩했다. 상대에게 잘해주면 다가올 거라 기대했지만, 오히려 뒷걸음질치는 모습에 상처를 받기도 했고, 소중한 친구이기에 애지중지 조심하고 애썼건만, 서운함을 참지 못하고 폭발한 한 번의 다툼이 서로에게 깊은 상처로 남기도 했다. 다시는 이전으로 돌아갈 수 없다는 것을 알았을 때, 그 한 번의 실수를 얼마나 뼈아프게 후회했는지 모른다. 오랫동안 함께한 관계가 어느 순간 껍데기뿐이었음을 문득 깨달았을 때, 말할 수 없는 허무함과 슬픔에 눈시울을 적셨던 적도 있다.

무엇보다 나를 아프게 했던 것 중 하나는 20대부터 10년 넘는 시간 동안 그 어떤 것보다 중요하게 생각하고 참여했던 모임에서 받은 상처였다. 여럿이 모여 자신의 삶을 매주 한 번씩 돌아보고 서로의 생각을 나눴던 그 모임은 내 삶에 중요한 의미가 있었다. 그래서 아무리 바쁘고 힘들어도 반드시 참석했다. 나는 내가 투자한 시간과 갖고 있는 애정만큼 함께 했던 사람들도 나의 사람들일 거라 생각했다.

그러던 어느 날, 나는 갑작스럽게 크게 다쳐 수술을 받고 입원하게 됐다. 평소와 달리 내가 모임 장소를 제공하기로 되어 있었기에, 나는 다친 사실을 급히 모임의 누군가에게 알렸다. 그런데 이후, 모임 장소가 변경됐다는 공지만 왔을 뿐 아무도 나의 사고나 고통에 대해 관심을 갖지 않았다. 그 모임에 대한 나의 깊은 애정과는 상관없이 나는 그저 한 명의 참석자일 뿐이었다. 내 기대와는 달리 모임의 구성원들은 나와 형식적인 관계만을 맺고 있었다. 물론 그들이 나에게 어떤 잘못을 저지른 건 아니다. 하지만 그 사건으로 인한 서운함과 배신감, 그리고 허무함이 주는 상처는 꽤 오랫동안 나의 가슴에 커다란 구멍을 만들었다.

잡힐 듯 잡히지 않는 것이 관계이고, 알다가도 모를 것이 관계이다. 그에 비해 일은 내가 한 만큼 즉각적으로 결과를 보여줬고, 하는 것마다 달콤한 성취감을 맛보게 해주니 좋았다. 그래서였을까. 한동안 나는 일과 성취 중심의 삶을 살아갔다. 처음, 관계를 주제로 집필을 의뢰받았을 때 과연 내가 관계에 대해 이야기할 자격이 있는가 싶어서 망설였다. 그러나 나는 어릴 적부터 관계에 굉장히 관심이 많았고, 그만큼 관계에서 많은 상처를 받으면서 성장했다. 그 고통이 너무나 컸던 탓인지 어려서부터 나는 관계에서 오는 아픔의 본질이 무엇인지 그리고 어떻게 하면 그 아픔에서 벗어날 수 있을지 치열하게 고민했다. 그 결과 나는 자연스럽게 사람의 마음에 대해서 관심을 가졌고 심리학을 공부하게 됐다. 심리학은 어릴 때부터 그토록 알고 싶었던 수많은 화두들에 대한 해답을 안겨줬다. 또한 그 과정을 통해 그 어린 내가 무엇을 몰랐는지, 무엇을 놓쳤는지, 무엇을 착각했는지, 무엇을 잘못했는지 알게 됐다. 이제 나는 상담자로서, 많은 분들이 관계와 상처로 힘들어할 때 어떤 상황이나 경우에 대해서든 그 상처를 다루고 대처하는 방법을 알려줄 수 있다. 물론 지금의 나도 때로는 서툴고 관계가 어렵고 힘겹게 느껴질 때가 있다. 하지만 방법을 알기에 조금은 덜 힘들고, 보다 빨리 아픔에서 벗어나 안도의 미소를 지을 수 있다. 그래서 내가 알고 있는 것들을 조금이라도 나누고 싶어 이렇게 글을 쓰게 됐다.

인간관계 안에서 상처받지 않는 방법은 무엇일까? 이 질문에 대한 해답을 찾아 이 책에 담았다. 상처받지 않는 법을 터득한다면 보다 강해질 수 있다. 두려워 절절매지 않아도 되고, 용기 있게 다가갈 수 있으며, 상처에 매여 있던 에너지가 자유로워지니 원하는 것을 할 수 있는 힘도 생긴다. 상처가 될 수 있는 말이나 행동으로부터 영향받지 않을 수 있다면, 좀 더 자유롭게 인간관계를 맺을 수 있다.

이미 받아버린 상처는 어떻게 해야 할까? 상처가 고통스러워 온통 거기에 신경이 쓰여 막상 해야 하는 일을 하기 힘들 정도로 괴롭다면 어떻게 해야 할까? 상처가 주는 아픔은 결국 감정이고, 그 감정을 떠나보내야 자유로워질 수 있다.

그래서 이 책에서는 상처가 무엇인지, 상처를 치유한다는 것이 무엇인지, 그리고 상처를 치유하는 구체적인 방법은 무엇인지 알려드리고자 한다. 그 방법을 통해 우리는 상처에서 벗어나 자유로워질 수 있다.

상처를 받는 주요 원천이자 그 상처를 낫게 해줄 수 있는 치료제는 '감정 대화'이다. 이 책의 3장에서는 대화가 우리에게 어떻게 상처를 주는지, 그리고 어떻게 하면 짧은 말 한마디로 서로의 상처를 치유할 수 있는지 설명하고 있다. 그리고 인간관계의 대부분을 차지하는 부모, 자녀, 부부, 연인, 직장관계에서 받는 상처에 대해 살펴보고, 그 상처로부터 벗어나는 방법과 관계를 개선하고 회복하는 방법에 대해 4장부터 7장까지 다루고 있다.

나는 심리상담 및 심리치료를 연구하는 사람이다. 어떻게 사람들이 심리적 고통에서 벗어날 수 있는지를 연구하면서 깨달은 것 중 하나는 결국 상처를 받느냐 마느냐를 좌우하는 것도 나 자신이고, 상처를 치유하는 핵심 열쇠를 쥐고 있는 것도 나 자신이라는 사실이다. 내가 나를 돌보지 않고 지키지 않는다면 방법을 알아도 다른 사람의 말과 행동에 휘둘릴 수밖에 없다. 그러니 마지막으로 이 책의 8장을 통해 내가 나를 대하는 태도를 점검해 보기 바란다.

여러분은 스스로를 어떻게 대하고 있는가? 남이 여러분을 함부로 대하지 않도록, 나 자신을 존중하고 보호해야 한다. 나를 지키는 것은 오직 나 자신만이 할 수 있다. 이 책을 통해 평생을 함께하는 '나'라는 진정한 벗을 만나, 세상을 살아가는 든든한 힘을 가득 채우고, 용기 있게 넓은 세상으로 나아가길 바란다.

Contents

Chapter 1

상처는 어떻게 만들어지는가

당신이 상처받는 진짜 이유

나는 분명히 상처를 준 적이 없는데 어떤 사람은 나에게 상처를 받았다고 합니다. 그럴 때면 당황스럽고 상처를 줬다는 것을 인정하기가 쉽지 않습니다. 이렇게 흔히 '상처를 줬다', '상처를 받았다'고 말하는데, 도대체 상처가 무엇일까요? '상처를 받았다'고 말할 수 있는 그 핵심은 무엇일까요? 상처에 대해서 본격적으로 이야기하기 전에, 먼저 상처의 본질이 무엇인지 정확히 짚고 넘어갈 필요가 있습니다. 그러기 위해서 우선, 우리가 어떤 상황에서 상처를 받는지 생각해 볼 필요가 있습니다.

나 자신에 대한 믿음을 위협한다

태형 씨는 얼마 전에 친구로부터 상처를 받았습니다. "당연히 도와줄 거라 생각했던 친구가 제 요청을 아주 쉽게 거절하는 거예요. 전혀 예상하지 못해서 더욱 상처가 됐던 것 같아요." 태형 씨는 친구가 그 정도의 부탁은 당연히 들어줄 것이라고 생각했습니다. 그러나 돌아온 것은 거절이었고, 그 순간 '이 친구에게 나는 그 정도밖에 안 되는구나'하는 생각이 들어 마음이 상했습니다.

승민 씨는 얼마 전 동창 모임에서 왁자지껄 이야기하다가 갑작스러운 화제에 마음이 상했습니다. 친구 동해 씨가 그 자리에는 나오지 않았던 키가 작은 친구 한 명에 대해 뒷담화를 하면서 그의 작은 키를 웃음거리로 만들었습니다. 친구들은 함께 웃었지만, 승민 씨는 그럴 수 없었습니다. 그 또한 키가 작은 편이라 늘 다른 사람들이 자신의 키를 어떻게 생각하는지 의식하고 있었기 때문입니다. '나도 키가 작은데 내가 있는 자리에서 그 친구를 웃음거리로 만들다니. 모두 나한테도 그렇게 무시하는 마음을 갖고 있는 거 아니야?'라는 생각이 들어 상처를 받았고 위축이 됐습니다.

대학생 가인 씨는 요새 후배 수영 씨가 자꾸 마음에 걸리고 의식이 됩니다. "후배 수영이는 제 동기들한테는 밥을 사달라고 하는데, 저에게는 그런 얘기를 절대 안 해요. 제가 정말 별로여서 그런 걸까요? 내가 별 볼 일 없는 선배라 나를 무시한다는 생각이 들어서 수영이의 그런 행동이 상처가 돼요."

태형 씨, 승민 씨 그리고 가인 씨의 공통점은 무엇일까요? 바로 상대방의 말과 행동을 자기 자신과 연결 지어서 부정적으로 해석하고 있다는 것입니다. 태형 씨는 친구의 거절을 상대가 자신을 가깝게 여기지 않은 탓이라 생각했습니다. 친구에게 다른 사정이 있을 수도 있고, 가치관이 다를 수도 있는데 말입니다. 승민 씨 또한 동해 씨와 친구들의 행동을 보고 그들이 자신의 키에 대해서도 무시하고 있을 거라고 판단했습니다. 실제로 동해 씨와 친구들은 승민 씨의 키에 대해서는 별로 의식하지 않고 있을 수도 있는데 말이죠. 가인 씨도 후배 수영 씨가 밥을 먹자고 제안하지 않은 것에 대해, 수영 씨가 자신을 별로라고 생각해서 그렇다고 이유를 돌립니다. 가인 씨가 너무 멋있는 선배라 어려워서 그럴 수도 있고, 수영 씨가 다가가는 선배들이 수영 씨와 특별한 인연이 있을 수도 있는데 말입니다.

그렇습니다. 우리는 상대방의 말과 행동을 자신과 연결 지어 해석할 때 상처를 받습니다. 누군가의 말이 나의 능력을 깎아내리는 것 같이 들리고, 조직에서의 내 역할이 미미한 것처럼 생각되기도 하고, 나의 가치를 별로라고 하는 것처럼 느껴지기도 하고, 내가 못났다고 말하는 것으로 들리기도 합니다.

오빠에게 고기반찬을 챙겨주는 엄마의 행동에 상처받기도 하고, 바빠서 졸업식에 참석하지 못한 아빠의 행동에 상처받기도 합니다. 같이 놀러 가고 싶었는데, 나에게는 말하지 않고 몇몇 친구들끼리만 놀러 갔다 온 얘기를 듣고서 마음이 상하기도 합니다. 그렇게 우리는 부모님이 무심코 던지는 말 한마디와 행동에 상처를 받고, 자녀와 형제자매의 말과 행동에 상처를 받기도 합니다. 친구들에게 상처를 받고, 연인의 이별 통보로 심각한 치명상을 얻기도 합니다.

이는 그러한 말과 행동들이 우리 자신에 대한 믿음을 흔들어 놓기 때문입니다. 나아가 우리 자신을 버티게 해주는 자존감에 부정적인 영향을 미쳐 상처가 되는 겁니다.

타인에 대한 믿음이 깨졌어요

그런데 어떤 경우에는 나에 대한 것이 아님에도 불구하고, 상처를 받기도 합니다.

성철 씨는 오랫동안 믿고 좋아했던 선배가 어떤 여성을 성추행했다는 이야기를 들었습니다. 처음엔 믿을 수 없었습니다. 무언가 오해가 있었을 것이라 생각했지만, 결국 그 일이 사실로 밝혀지면서 믿었던 선배가 그런 비윤리적인 행동을 했다는 것이 성철 씨에게는 충격으로 다가왔고 헤어 나오기 어려운 아픔이 됐습니다.

아리 씨는 많은 사람에게 존경받아온 박 교수님을 굉장히 따르고 존경했습니다. 그러나 얼마 전, 박 교수님이 다른 사람들의 노동에 대한 대가를 지불하지 않고 오히려 자신이 귀한 기회를 준 것이니 감사하란 식으로 일을 처리한다는 이야기를 들었습니다. 그뿐 아니라 자신을 믿고 따르는 사람들을 오랫동안 착취해 왔고, 그것에 대한 문제의식을 전혀 가지고 있지 않다는 것을 알게 됐습니다. 아리 씨는 너무나 심한 충격을 받았고 그 상처로 인해 삶의 상당한 부분이 흔들리는 것 같았습니다.

민영 씨는 아빠를 무척 사랑했습니다. 그러나 대학생이 됐을 때 엄마로부터 충격적인 이야기를 들었습니다. 바로 자신을 그렇게 사랑하고 좋아해줬던 아빠가, 엄마를 배신하고 오랫동안 외도를 해 왔다는 것이었습니다. 민영 씨는 아빠의 배신이 도저히 용서되지 않았습니다. "그토록 믿었던 아빠의 외도는 마음속 깊이 상처가 됐어요. 너무나 고통스러워요."

성철 씨, 아리 씨 그리고 민영 씨의 경우, 상대방이 이들에게 직접적인 상처가 되는 행동을 한 것은 없습니다. 그러나 이들 모두 심한 상처와 충격을 받고 고통스러워하고 있습니다. 그렇다면 무엇이 상처를 만들었을까요? 바로 성철 씨, 아리 씨, 민영 씨가 타인에 대해서 가지고 있던 믿음이 깨어져 상처가 된 것입니다. 성철 씨는 그 선배를 믿고 따랐습니다. 그 선배가 비윤리적인 일을 할 사람이라고는 전혀 생각하지 못했습니다. 아리 씨도 그 교수님이 누군가를 착취할 사람이 절대 아니라는 믿음을 가지고 있었고, 민영 씨 또한 아빠를 굳게 믿었습니다. 그러나 이러한 믿음이 깨지면서, 그것은 이들에게 심한 상처가 됐습니다.

세상에 대한 믿음이 흔들려요

우리는 살아가면서 세상에 대한 믿음을 갖게 됩니다. 여러 믿음이 생기고 깨지기를 반복하지만, 세상이 이럴 것이라는 믿음이 있어서 세상에 일어나는 일들을 어느 정도 빠르게 이해하고 소화할 수 있습니다. 그런데 이러한 세상에 대한 믿음이 깨졌을 때 우리는 심한 상처를 받곤 합니다. 우리는 세월호 사건을 기억합니다. 우리가 보는 앞에서 물밑으로 가라앉던 그 가여운 아이들을 지켜보면서도 아무것도 해줄 수 없었던 그 사건은 사람들에게 엄청난 상처로 남았습니다. 그때 많은 부모들은 우리 아이도 갑작스럽게 죽을 수 있다는 생각을 하게 됐습니다. 즉 세상에 대해 가지고 있던 믿음이 흔들리면서 심한 상처와 충격을 받게 된 것입니다.

열심히 노력하면 좋은 보상이 올 거라 믿었는데, 노력 없이 돈과 배경으로 자신이 얻고자 했던 보상을 쉽게 가져가는 친구들을 보면서 세상에 대한 심한 배신감을 느끼기도 합니다. 신이 자신을 지켜줄 것이라 믿으며 그토록 열심히 신앙생활을 했는데도 자신에게 가장 소중한 아이를 사고로 잃게 됐을 때, 신에 대한 믿음이 흔들려 고통스러워하기도 합니다.

종합해 보면, 상처란 자신과 타인 그리고 세상에 대해 가지고 있던 믿음이 흔들리거나, 부정적인 방향으로 깨지고 훼손됐을 때 정신세계가 흔들리는 현상입니다.

상처받았을 때 나타나는 감정 변화

상처를 받으면 지키고 있었던 믿음이 흔들리니 당황스럽고 놀랍니다. 특히, 지금까지 자신과 타인, 세상에 대해 가졌던 믿음이 깨지게 되면, 자신의 심리적 세계를 구성하는 구조가 깨지고 경계가 흔들리고 파괴될 뿐만 아니라 자신을 보호하고 있던 심리적 보호막이 찢어지는 상태가 됩니다. 한마디로 정신세계가 흔들리는 상태, 즉 쇼크 상태가 됩니다. 상처를 받으면 그 순간 우리는 당황스러워서 말합니다. "이게 뭐지?", "이게 도대체 뭐야?"라고요.

그 순간 놀라고 당황스러웠어요

어떤 상처에 대해서는 잠시 흔들리다가 다시 원래대로 돌아가기도 합니다. 가지고 있던 믿음을 다시 지키는 쪽으로 처리하기도 하지요. 그러나 다시 돌아갈 수 없는 경우도 많습니다. 이때는 자신에 대한 믿음을 수정하고, 타인에 대한 믿음을 고치고, 세상에 대한 믿음을 다시 바꾸며 마무리됩니다.

그런데 그 충격이 심할 때가 있습니다. 우리의 심리적 세계를 흔드는 자극이나 사건 중에 강렬하고 충격적인 사건을 트라우마, 즉 '외상'이라고 합니다. 외상이란 우리가 가지고 있는 정신세계를 뒤흔들어 놓아서 도저히 수습하기 어려운 상처를 일컫습니다.

학창 시절에 겪은 학교폭력이나 따돌림은 많은 사람에게 평생 상처를 남기고 일상생활과 직장생활, 결혼생활까지 영향을 미치기도 합니다. 가해자는 학창 시절에 답답해서, 그냥 짜증나고 화나서, 단순히 싫어서 무심코 했던 행동이지만 그것을 당한 사람에게는 지울 수 없는 흔적을 남기고 그 사람의 이후 인생을 흔들어 놓습니다. 사람들을 만날 때마다 긴장되고 두렵고, 남들이 자신을 싫어하고 괴롭힐지 모른다는 불안감에 떨어야 하고, 친구나 다른 사람들을 쉽사리 믿지 못하고 외로움에 힘들어하기도 합니다.

갑자기 일어난 교통사고의 후유증으로 어떤 사람은 자동

차를 운전하거나 타지 못하고 불안해하며 힘들어하기도 합니다. 특히, 성희롱과 성폭행은 한 사람의 영혼과 그 이후의 삶을 송두리째 망가뜨리기도 합니다. 그 밖에도 전쟁, 학대, 사별 등의 충격적인 사건들이 심각한 외상을 유발합니다.

혼란스러워요

충격을 받고 수습하려고 보니 혼란스럽습니다. 내가 가지고 있었던 믿음이 흔들립니다. 인간은 매일 수많은 자극, 사람, 사건을 만나고, 그것을 이해하고 처리하면서 살아갑니다. 그러기 위해서 사람은 모두 자신만의 틀을 가지게 됩니다. 처음 태어난 아이는 모든 것이 낯설고 이해가 되지 않습니다. 그러다 하나씩 경험하게 되면서, '엄마는 이런 사람이야', '아빠는 이럴 때 이렇게 행동해', '내가 이렇게 행동하면 이런 일이 일어날 거야'와 같이 자신과 타인, 세상에 대한 믿음을 하나씩 만들어갑니다. 축적된 믿음이 많을수록, 정교할수록, 융통성 있을수록 수많은 사건을 더 쉽게 처리할 수 있고 새로운 자극에도 적절하게 대처하면서 한 걸음씩 앞으로 나아갈 수 있습니다.

그래서 우리는 믿음을 더욱 소중히 지키고자 합니다. 우리가 가지고 있던 믿음이 흔들리는 것을 원하지 않습니다. 그러나 상처나 외상을 경험하면, 우리가 가지고 있던 이해의 틀이 흔들리면서 혼란을 겪습니다.

'나란 사람은 어떤 사람인 거지?'

'그 친구에게 난 뭐지? 내가 생각했던 관계가 아니었어?'

'내가 오랫동안 겪고 믿었던 게 거짓이었던 거야?'

'도대체 뭐가 사실인 거지? 어떻게 생각하는 게 옳은 거지?'

'난 이제 앞으로 무엇을 믿어야 하지?'

정말 화가 나

상처는 결국 나의 세계, 즉 나의 경계가 침범당하는 현상이라 할 수 있습니다. 자신, 타인, 세상에 대한 내 믿음이 침범당하는 것이지요.

우리는 상처받으면 화가 납니다. 화, 즉 분노는 자신의 경계가 침범당할 때 느끼는 감정입니다. 우리는 모두 자신만의 경계가 있습니다. 그 경계가 허락 없이 침범당할 때 화가 나지요. 몸은 기본적으로 우리 자신의 물리적 경계에 해당하므로, 신체적 폭력은 가장 대표적인 경계 침범 행위이자 분노 유발 행위입니다. 신체적 접촉 또한 마찬가지입니다. 범하는 사람 입장에서는 상대가 예쁘고 귀여워서 토닥거리고 만지는 것일 수 있지만, 접촉을 당한 사람은 허락 없이 자신의 경계가 침범당하는 것이라 화날 수 있습니다.

그런데 우리는 물리적으로 접촉하지는 않지만, 누군가의

경계를 침범하는 행위를 하곤 합니다. 바로 '조언'입니다. 그 사람을 위해서 한 말이지만, 조언을 듣는 사람은 자신의 경계가 침범됐다고 지각할 수 있습니다. 이러한 조언이나 지적은 분노를 유발합니다. 누군가에게 무심코 하는 말 한마디가, 또는 그 사람을 위해서 하는 조언이 그 사람에게는 상처가 되어 화를 유발할 수 있는 겁니다.

누군가에게 화를 유발하는 것은 항상 조심해야 합니다. 모든 사람은 화가 나면 화를 유발한 그 상대에게 복수하고 싶은 마음이 들기 때문입니다. 물론 실제로 복수한다는 것은 아닙니다. 복수하고 싶은 마음이 든다는 거지요. 미성숙하고 부족한 사람이어서가 아니라, 화라는 감정 자체가 성인군자를 포함한 모든 사람에게 보복하고 싶은 마음을 불러일으킵니다. 그래서 상처받으면, 상처를 준 사람에게 자신이 느낀 것만큼 아픔과 고통을 되돌려 주고 싶은 마음이 올라옵니다. 앙갚음하고 싶고 보복하고 싶습니다.

그렇다면 가장 흔하게 하는 복수의 행동은 무엇일까요? 바로 그 사람에 대한 뒷담화입니다. 그 사람에 대해서 욕하는 것이지요. 실제로 뒷담화는 그 사람에게 부정적인 영향을 미칠 가능성이 높습니다.

다래 씨는 초등학교 때까지는 굉장히 까불거리고 친구들과 잘 어울리는 활발한 친구였습니다. 그런데 중학교에 들어와서 어울리던 무리 중 한 친구와 사소한 말다툼이 있었고, 기분이 상한 그 친구는 다른 친구들에게 다래 씨에 대한 안 좋은 뒷담화를 하기 시작했습니다. 어느 순간 무리의 다른 친구들이 다래 씨를 외면하는 상태가 되어버렸습니다. 다래 씨는 어떻게 해야 할지 알지 못했고, 점차 위축되고 조용해져 갔습니다. 고등학교에 올라갔을 때는 새로운 친구들을 사귈 수 있을 거라 기대했지만, 함께 올라온 아이들 가운데 몇몇이 다래 씨가 왕따였다는 식의 뒷담화를 하면서 고립은 계속 이어졌습니다.

다래 씨는 아이들이 자신에 관해 얘기하는 것이 싫었고 그러다 보니 눈에 띄지 않기 위해 더욱 조용해져만 갔습니다. 직장인이 된 다래 씨는 여전히 조직에서 눈에 띄지 않으려 노력하고 있지요. 이렇듯 뒷담화는 한 사람에게 오랫동안 나쁜 영향을 주기도 합니다.

복수하거나 포기하거나

그런데, 조언이나 지적이 가장 많이 일어나는 시기가 언제일까요? 바로 양육할 때입니다. 부모는 아이를 키우면서 정말 많은 것을 가르쳐야 합니다. 그러다 보니 자녀에게 부모는 잔소리쟁이로 여겨지기도 합니다. "또 그 소리야? 그만해. 듣기 싫어." "알았다고. 진짜." 이렇듯 양육과정에서 이루어질 수밖에 없는 부모의 조언이나 훈육은 자녀에게 분노를 유발합니다. 아이는 부모에게 자꾸만 화가 나고, 심술이 나고, 불만이 쌓입니다.

호빈 씨는 공부를 굉장히 잘하는 모범생이었습니다. 그러나 대학 입학 후에는 수업에 들어가지 않는 등 학업 생활을 전혀 하지 않았고, 그러다가 퇴학을 당하는 상황까지 가게 됐습니다.

호빈 씨에게 무엇이 문제였을까요? 호빈 씨는 어머니에게 잔뜩 화가 나 있었습니다. 호빈 씨의 어머니는 어렸을 때부터 호빈 씨의 일거수일투족을 간섭하고 그의 삶에 개입했습니다. 사립 유치원과 사립 초등학교를 다니며 10개가 넘는 과외 활동을 해야 했던 호빈 씨는 어머니의 지나친 간섭과 개입에 화가 났지만, 너무나 강한 어머니에게 아무런 반항도 할 수 없었습니다. 우울감과 무력감은 쌓여만 갔습니다. 그러다 어머니의 소원대로 호빈 씨가 일류대학에 입학하자, 어머니는 안심하고 호빈 씨에게서 관심을 거두게 됐습니다. 호빈 씨는 처음으로 자유를 맛보았고, 어머니가 방심한 틈을 타서 20년간 어머니에게 느꼈던 분노를 복수로 갚아 주기 시작했습니다. 바로 어머니가 그토록 중요하게 생각했던 학업과 대인관계를 하지 않는 방식으로 말입니다.

이처럼 부모가 자녀의 경계를 지나치게 침범하는 행위는 자녀에게 분노를 유발하고, 자녀는 이에 대해 다양한 방식으로 대응합니다. 어떤 경우는 그 분노를 감당하지 못하고 자신의 심리적 경계를 포기하기도 합니다. '아빠, 엄마. 나 가져.' '내 몸도 가져.' '나라는 심리적 경계도 가져.' 그래서 부모가 자신을 때리거나 자신을 원하지 않는 활동에 참여시켜도 더 이상 화가 나지 않습니다. 왜 그럴까요? 더 이상 나는 내 것이 아니니까요. 화가 나지 않기에 고통은 덜어졌고 그나마 버티고 살아갈 수는 있습니다. 그래서 오히려 이런 환경에서 자란 사람들이 화를 비롯한 감정을 잘 느끼지 못하거나 감정이 메마르고 무딘 경우가 꽤 있습니다.

자존감이 다쳤어요

상처는 자존감과 관련이 높습니다. 대부분의 사람들은 자존감이 손상됐을 때 상처를 받고 화가 납니다. 자존감이란 자신을 존중하고 소중하게 생각하는 마음입니다. 세상에 벌거벗겨진 채 아무것도 없이 태어났어도 이 험난한 세상을 살아갈 수 있는 것은 바로 우리에게 자존감이 있기 때문입니다. 자존감은 우리가 세상을 살아가는 힘이고 무기이지요.

자존감은 성장하고 살아가는 동안 여러 가지 것들로 채워지는데, 가장 핵심적인 두 가지는 바로 '사랑'과 '인정'입니다. 모든 사람은 사랑받고자 하는 욕구와 인정받고자 하는 욕구가 있고, 이를 채우고자 합니다. 어린아이는 부모의 사랑스러운 눈빛과 표현, 그리고 칭찬으로 사랑과 인정을 먹고 자존감을 채웁니다. 그러나 이것이 적절히 충족되지 못하게 되면 소위 자존감이 낮은 상태로 자라게 됩니다.

전래 동화 〈벌거벗은 임금님〉에서 임금님은 자신의 능력을 믿지 못했습니다. 그래서 자신의 능력이나 내면을 돌보기보다는 화려한 옷으로 치장하며 인정받으려 했습니다. 이처럼 자존감을 스스로 확신하지 못하면, 자꾸만 외부에서 이를 확인받기 위해 매달리게 됩니다. 어떤 사람은 다른 사람의 칭찬이나 애정 표현에 매달리기도 하고, 자신보다 약한 사람들을 괴롭히며 힘을 과시하고 확인하려 하며, 돈이나 사회적 지위를 이용해서 다른 사람을 복종시키고자 합니다.

그러나 사실은 이들 모두는 자신이 보잘것없다는 생각에서 비롯된 것입니다. '보잘것없는 내면'을 일시적으로 감추기 위한 행동일 뿐입니다. 그러나 자존감이 높은 사람, 즉 자신을 소중히 생각하고 존중하는 사람은 외부의 것에 매달릴 필요가 없습니다. 그렇게 하지 않아도 이미 자존감이 채워져 있으니까요. 세상을 살아갈 힘이 충분합니다.

그런데 많은 경우, 사람들은 누군가 무심코 던진 한마디나 행동에 화를 냅니다. 한번은 제 강의에 참석한 모든 분들에게 화나는 상황 한 가지만 떠올려보라고 했습니다. 그리고 그 상황에서 어떤 생각이 들어서 화가 났는지 찾아보라고 했습니다. 한 분씩 상황과 생각을 짚어보니, 놀랍게도 모든 분이 '나를 무시했다', '나에게 함부로 했다'고 지각하고 있었습니다. 이처럼 대부분의 사람들은 상대의 말이나 행동에 대해 '무시당했다', '존중받지 못했다'고 지각할 때 화를 느낍니다.

오늘도 뉴스에서는 수많은 묻지 마 범죄의 소식이 계속해서 전해지고 있습니다. 평소에 얼굴도 잘 알지 못하는 이웃 주민이 갑자기 쫓아와 칼부림을 하거나 폭력을 휘두르기도 하고, 길을 지나가다 눈이 마주친 사람이 해코지하기도 합니다. 드라마 〈동백꽃 필 무렵〉은 인간사에 대한 많은 이야기를 공감이 가게 잘 그려 놓았습니다. 여기에는 까불이라고 불리는 연쇄 살인마가 나옵니다. 시청자들은 도대체 까불이가 왜 사람들을 죽였는지 궁금해했습니다. 그런데 마지막에, 까불이가 말합니다. 모두가 자신을 무시했기 때문이라고 말입니다. 까불이는 사람들이 자신을 무시했다고 생각했고 화가 치밀어 올랐습니다. 결국 그 화를 주체하지 못하고 갚아 주고 싶은 마음에 살인을 저질렀던 겁니다.

그런데 우리가 누군가에게 무시당했다고 생각될 때 느끼는 분노는 그 순간에 그 상대에게 느끼는 분노만이 아닙니다.

살아오면서 겪었던, 무시당했다고 지각했던 수많은 경험들 속에서 쌓인 분노 덩어리가 그 순간에 함께 올라오는 것입니다.

온전히 존중받으며 살아온 사람이 얼마나 될까요? 어릴 때 부모에게 잔뜩 사랑받았지만, 학교에 가서 친구들에게 놀림당하고 무시당하는 경험을 하고, 학교 선생님께 야단맞는 경우도 많습니다. 또 형제자매가 있을 때는 형이나 누나와 비교당하고, 동생과 비교당하기도 합니다. "형은 저렇게 잘하는데 너는 왜 그것밖에 못 해?", "네 동생을 봐. 동생은 말도 잘 듣고 자기 일도 잘하는데 너는 왜 그렇게 구멍이 많아?" 때로는 친구들이나 사촌들과 비교당하며 수치심을 느끼기도 합니다. "네 친구는 이번에도 1등 했다며? 너는 친구가 1등 하는 동안 뭐했니?", "이번에 사촌이 서울대에 갔다고 하더라. 너는 서울에 있는 대학이나 가겠니?" 이 과정에서 우리는 무시를 당했다고 생각해 자존심이 상합니다. 화가 납니다.

어릴 때부터 시작된 수많은 무시당한 경험에서 느낀 분노는 차곡차곡 축적되어 있다가, 사소한 말 한마디와 눈빛에 쉽사리 올라옵니다. 그리고 가슴 깊숙한 곳에서 끌어 올려진 엄청난 분노 덩어리가 한꺼번에 표출되면서, 심한 경우 살인으로 이어지기까지 합니다.

수치스러워 미칠 것만 같아

자신에 대한 믿음이 부정적인 방향으로 흔들리면서 수치심이 느껴지기도 합니다. '그래. 내가 별 볼 일 없지', '내가 진짜 별로 하는 게 없지'라고 생각이 되면서, '아, 부끄럽다. 쥐구멍에라도 들어가고 싶다. 창피해'와 같이 수치심에 몸 둘 바를 모르곤 합니다. 특히, 신체적 학대, 심리적 학대, 성적 학대는 모두 자존감에 심한 상처를 입히면서 강한 수치심을 불러일으킵니다.

수치심은 다른 사람으로부터 비난받거나 놀림당하거나 멸시당할 때 느끼는 감정으로, 감정 가운데 가장 고통스러운 감정이기도 합니다. 수치심은 세상을 살아가야 하는 당사자인 자기 자신에 대한 믿음 자체를 흔들어 놓으며 굉장한 고통을 줍니다. 심한 경우, 쥐구멍에라도 숨지 못한다면 자신을 죽여 없애서라도 사람들에게 자신이 노출되지 않도록 하고 싶게 만들기도 합니다. 그래서 실제로 수치심에 고통스러워하다가, 자살을 택한 사람들도 적지 않습니다.

다 나 때문이야

상처를 받아 화가 나지만, 그 화를 상대에게 돌리지 못하고 힘들어하는 사람들이 많습니다. 어머니에게 화가 나지만, 차마 어머니에게 화를 낼 수 없습니다. 자신에게 상처를 준

선생님에게 화가 나지만, 차마 화내지 못합니다. 자신을 학대한 아버지에게 화가 나지만, 대적하기에는 너무나 무서운 아버지에게 아무런 말도 하지 못합니다. 자신을 무참히 짓밟았던 성폭력 가해자에게 화를 내고 그 사람을 죽여 버리고 싶지만, 아무것도 할 수 없습니다. 이렇듯 마땅히 화가 나지만, 그 화를 밖으로 표현하지 못할 때 사람들은 자신에게 화를 돌려서 스스로를 비난하고 자책하기도 합니다. '다 나 때문이야. 나 때문에 이런 일이 생긴 거야.' '내가 평소에 잘했다면 이런 일이 일어나지 않았을 거야.' '내가 못나서 이런 일을 당한 거야.' 상처로 인해 이미 자존감이 무너졌는데, 이때 자신에게 화와 비난을 돌리면 고통은 더욱 커지게 됩니다.

슬프다

상처는 흔적을 남깁니다. 상처받기 전과 상처받은 후의 삶은 다릅니다. 상처가 너무나 커서 흔적 또한 크다면, 예전의 삶으로 돌아가기는 더욱더 어렵습니다. 예전처럼 밝고 활발하게 살지 못할 것 같습니다. 그 사람을 전처럼 대할 자신이 없습니다. 더 이상 다른 사람과 세상을 믿지 못할 것 같습니다. 지금까지 살아온 삶을 더는 살 수 없을 것 같습니다. 이것은 모두 그동안 살아온 삶을 잃어버린 겁니다.

우리는 가끔 특별한 삶을 꿈꾸기도 하고, 뛰어난 능력자가 되는 꿈을 꾸기도 합니다. 그러나 살다 보면 평범한 삶을 산다는 것이 얼마나 어려운 일인지 깨닫게 됩니다. 평범한 일상을 잃어버린 것이 슬프고, 평범하게 살 수 있다는 게 얼마나 큰 복이었는지 그제야 깨닫게 됩니다.

다시 상처받을까 봐 두려워

상처를 받으면 놀라고 혼란스럽고 화나고 수치스럽고 슬픕니다. 그 심리적 고통과 정서적 고통이 끔찍하게 싫습니다. 상처받았던 경험의 기억이 떠오를까 봐 불안하고, 상처받은 아픔을 다시 느끼게 될까 봐 불안하고 두렵지요.

그래서 상처받은 사람들은 늘 경계 상태에 있습니다. 예민하게 안테나를 돌리며 상처를 떠올리는 단서나 신호가 나타날까 봐 긴장합니다. 혹시라도 상처가 될 수 있는 위험한 자극이나 상황이 있는지 살피며 이를 회피하려 애씁니다. 그러다 보니 인간관계가 좁아지고 때로는 인간관계 자체를 멀리하면서 혼자 생활하기도 합니다. 사건이나 사고가 일어날 수 있는 상황을 피합니다. 예를 들어, 교통사고로 상처가 매우 컸다면 차를 타지 않기도 하고, 성추행이나 성폭행 경험이 있었던 여성은 남성을 만나는 것 자체를 꺼립니다. 이처럼 상처받은 사람들은 상처가 떠오를까 봐 또는 상처를 다시 받을까 봐 불안해하고 두려워합니다.

아프다는 건 감정이다

"상처받아서 힘들어요." "상처 때문에 너무나 고통스러워요." "가슴이 아파서 미칠 것만 같아요." 그렇습니다. 상처받으면 아픕니다. 가슴에 돌을 맞은 것 같고, 뭔가 패인 것 같이 싸하고, 스크래치가 난 것처럼 따갑습니다. 때로는 커다란 돌덩어리가 가슴에 얹힌 것 같이 무겁고 답답하기도 합니다. 상처받아 고통스럽고 힘들어 죽겠습니다.

그런데 아프다는 것, 고통스럽다는 것, 힘들다는 것의 정체는 무엇일까요? 그 본질은 어디에 있을까요? 힘들다는 것은 바로 '감정'입니다. 우리는 화를 주체하기 어려워서 힘이 들고 긴장이 되고 조마조마하고 불안합니다. 슬퍼서 힘들고 가슴이 뻥 뚫린 것 같은 공허함에 힘들기도 합니다. 수치스러워 쥐구멍에라도 들어가고 싶지만 그럴 수가 없어서 고통스럽습니다. 즉 아프다는 것, 고통스럽다는 것, 힘들다는 것은 바로 감정입니다. 상처로 인해 발생한 감정이 우리에게 고통을 주고 아픔이 되는 겁니다. 따라서 상처를 이해하기 위해서는 감정을 이해해야 합니다. 상처를 다루기 위해서는 감정을 다루어야 합니다. 상처를 치유하고 싶다면 감정 경험을 소화해야 합니다. 상처로부터 자유로워지고 싶다면 감정으로부터 자유로워져야 합니다.

바라는 것이 없으면 감정은 느껴지지 않는다

상처는 반드시 불쾌한 감정을 유발합니다. 당황스럽고 놀라고 혼란스럽고 화나고 수치스럽고 슬프고 불안합니다. 그렇다면 여기에서 감정이 무엇인지, 언제 느껴지는지 알 필요가 있습니다.

감정은 어떤 자극이나 대상이 우리의 관심사나 이루길 원하는 목표와 관련되어 있을 때 발생합니다. 그것이 우리가 원하는 것을 이루도록 돕는다고 생각하면 기쁘거나 즐겁거나 행복함을 느끼는 등 유쾌한 감정을 느끼지만, 우리의 바람을 방해한다고 생각되면 불안하거나 슬프거나 화가 나는 등 불쾌한 감정이 느껴집니다.

예를 들어, 지나가던 사람이 나와 떨어져서 걷는 행동은 감정을 전혀 유발하지 않습니다. 그러든지 말든지 상관이 없기 때문입니다. 그러나 사랑하는 애인이 자신과 떨어져서 걷는 행동에는 서운함을 느끼곤 합니다. 애인에게 사랑과 애정을 확인받고 싶은 마음이 큰데, 떨어져서 걷는 행동은 자칫 자신에 대한 애정이 식었을지 모른다는 생각이 들게 하기 때문입니다.

그렇기에 같은 말이나 행동에 대해서도, 우리 마음 안에 있는 관심이나 흥미에 따라서 다른 결과를 불러옵니다. 느끼는 감정이 달라질 수도 있고, 상처가 될 수도 있고 그렇지 않을 수도 있습니다. 원하는 것이 없거나 그것에 관심이 없다면, 상처가 되지도 감정이 느껴지지도 않습니다.

그렇다면 감정을 느끼지 않으려면 어떻게 하면 될까요? 바로 관심을 두지 않으면 됩니다. 원하는 것이 없으면 됩니다. 우리는 때로 상처를 받아 고통스러울 때, 불편하고 싫어서 힘든 감정을 느끼지 않으려고 합니다. 그때 어디선가 귀에 확 꽂히는 말 한마디가 있습니다. "마음의 욕구를 내려놓으세요." "욕심을 버리세요." 맞는 말입니다. 욕구를 내려놓고 욕심을 버리면 원하는 것이 사라져 감정이 느껴지지 않습니다. 번뇌와 여러 가지 고통스러운 감정으로부터 안전할 수 있습니다. 마음에 평안을 얻을 수 있지요.

그런데 그런 평안한 삶이 과연 좋기만 할까요? 감정을 느끼지 않는 삶이 좋을까요? 차분하고 담담하기만 한 삶이 좋을까요? 마음을 연구하는 학문인 심리학에는 수많은 이론이 존재하고 인간에 대해서 각기 다른 관점을 제시하지만, 인간을 바라보는 한 가지 공통된 점이 있습니다. 그것은 바로 인간을 '욕구의 동물'로 본다는 겁니다. 인간은 태어날 때부터 다양한 욕구를 가지고 태어나고 평생 여러 욕구를 충족시키며 살아갑니다. 각각의 이론에서 학자들이 강조하는 욕구가 다를 뿐이지요.

욕구의 동물인 인간이 욕구를 잘 충족시키며 살아간다면 건강한 삶을 살 수 있지만, 욕구를 제대로 충족시키지 못한다면 불쾌하고 고통스럽습니다. 따라서 건강한 삶이란 욕구를 사회적으로 허용 가능한 방식으로 적절히 충족하며 살아가는 삶입니다.

그러니 욕구를 충족시키며 살아갈 수 있을 때 충족시키며 사는 것이 좋습니다. 어떤 분들은 욕구를 충족시킬 수 있는 상황에서도 자신을 억압하며 욕구를 좌절시키곤 합니다. 사실은 볶음밥이 먹고 싶은데도 다른 사람들이 짜장면을 시킨다고 같은 메뉴를 시킨다면 욕구는 한번 좌절되는 것입니다. 그럴 필요가 없는 상황인데도 욕구를 좌절시키면 욕구는 쌓이고, 결국 욕구 불만 상태가 커집니다. 비록 작은 욕구일지라도 충족시킬 수 있다면 충족시켜 보세요. 작은 행복을 느낄 수 있습니다. 좋아하는 커피 한 잔에 행복을 느끼고, 먹고 싶던 짬뽕 한 그릇에 만족스러워지고, 만나고 싶던 친구와 먹는 식사 한 끼에 즐겁고 행복해집니다. 작은 행복이 모여 건강한 힘을 만들어내는 겁니다.

삶에 필요한 정보를 주기 위해 아픈 거다

감정이 무엇이냐고 제게 질문한다면, 저는 한마디로 이렇게 답하곤 합니다. 감정은 바로 '정보'라고요. 즉, 감정을 느낀다는 것은 우리가 살아가는 데 필요한 정보를 얻기 위함입니다.

예를 들어, 어떤 공간에 있는데 이유는 모르지만 갑작스럽게 공포감이 엄습해 올 수 있습니다. 공포감은 우리에게 어떤 위험한 일이 일어날 수 있다는 정보를 줍니다. 우리는 순간 얼어버리거나 위험에서 벗어나기 위해 도망칩니다. 그렇게 도망가서 그 공간에서 벗어난다면 생존할 수 있지만, 그렇지 못한다면 어떻게 될까요? 아마도 살아 있지 못할 가능성이 큽니다.

그런데 감정에 굉장히 무딘 사람들이 있습니다. 다른 사람들은 재빠르게 빠져나가지만, 이들은 계속 앉아서 그 공간을 지키다가 결국 위험에 노출되어 생존하지 못하기도 합니다. 여러분이 지금 생존해서 이 책을 읽고 있다면, 적어도 그

동안 살아오면서 느낀 감정을 통해 생존에 필요한 정보를 취해 그때마다 생명을 안전하게 보호할 수 있었기 때문일 것입니다.

따라서 감정이 느껴진다면, 그 감정이 주는 정보를 취해 처해 있는 상황에서 적절히 행동하고 대처함으로써 생존하고 적응하면 됩니다.

생각이 아픔을 만든다

하루에도 여러 번 감정이 변한다며 자신이 감정 기복이 심한 게 아니냐고 묻는 분들을 자주 접합니다. 그러나 감정에는 이럴 땐 이런 감정, 저럴 땐 저런 감정이라는 식으로 정해진 공식이 없습니다. 또, 한 상황에서 한 감정만 느끼는 것도 아닙니다. 우리에겐 '시원섭섭하다'라는 용어가 있습니다. 한 상황에서 여러 감정이 공존할 수 있는 것이지요. 이처럼 우리는 고마우면서도 미안하고, 사랑하면서도 증오합니다. 미워하면서도 보고 싶어 하고, 싫어하면서도 불쌍해합니다.

그런데 왜 이렇게 감정이 변하는 걸까요? 바로 감정이란 것이 매 순간 주의를 어디에 주느냐에 따라 변하는 일시적인 반응의 결과물이기 때문입니다. 기분 나쁜 생각이나 장면을 떠올리면 불쾌해지고, 기분 좋은 것에 주의를 주면 유쾌해지고, 전혀 관련 없는 것에 주의를 주면 감정은 느껴지지 않습니다. 주의가 어디에 머무르느냐에 따라 감정은 계속 변합니다. 그런데 우리의 주의는 결코 한곳에 계속 머물러 있지 않습니다.

애인이 자신에게 사랑한다고 말했던 장면을 떠올리면 사랑하는 마음이 들고 그립습니다. 그러다가 애인이 보낸 이별 문자를 떠올리면 슬프고, 전화를 계속 받지 않는 것을 생각하면 답답합니다. 순간 '어떻게 나에게 이유도 말해주지 않고 이별을 통보할 수 있지?'라는 생각이 들면 화가 납니다. 그러다가 '내가 뭘 잘못했지? 내가 그렇게 별 볼 일 없는 사람이었어?'라는 생각이 들면 부끄럽고 수치스럽습니다.

수십 년을 함께 살아온 부부가 싸움을 계속하다 이혼까지 가는 경우가 있습니다. 서로 비난하고 화를 냅니다. 한순간도 서로를 사랑한 적이 없었던 것처럼 차갑지요. 정말 서로에게 화나고 미운 것이 전부일까요? 서로를 아끼고 좋아하는 감정은 전혀 없는 것일까요? 그렇지 않습니다. 단지, 서로가 했던 모욕적인 말과 상처가 된 행동에 주의가 가 있어서 화가 나는 것입니다. 앞서 다루었듯이, 화가 올라오면 상대에게 복수하고 싶어지기에 서로에게 상처가 될 수 있는 말과 행동,

태도를 보이는 거지요. 이혼하고 난 뒤 오랜 시간이 지나면서 오히려 관계가 좋아지는 경우도 많습니다. 화났던 감정이 어느 정도 덜어지면서 상대방과 좋았던 기억들이 떠올라 다시 애정이 느껴지고 측은해지고 안쓰러운 감정이 올라오기 때문입니다.

사실 한 사람에 대해 항상 같은 감정 상태에 있지는 않습니다. 아이들이 엄마에게 화를 내고 미운 말을 할 때, 엄마는 마음이 안 좋지요. "내가 저 녀석을 얼마나 힘들게 사랑으로 키웠는데, 어떻게 나에게 그럴 수 있어요?"라고 하소연합니다. 그러나 그럴 수 있습니다. 아이들은 그 순간 기분 나빴던 엄마의 말이나 행동에 주의가 가서 화난 것이기 때문입니다.

많은 분들이 오랜 관계에서 상처받았을 때 이렇게 말하곤 합니다. "내가 그 사람에게 얼마나 잘해줬는데 어떻게 나한테 그럴 수 있어요?" "내가 그 사람을 위해서 이것도 했고 저것도 했는데 어떻게 나한테 그런 행동을 할 수 있지요?" 그러나 우리는 관계를 맺는 동안 주고받았던 상호작용을 종합해서 반응하는 것이 결코 아닙니다. 어떤 사람이 10년간 잘해줬지만, 얼마 전에 여러분에게 상처가 되는 말이나 행동을 했다면, 여러분은 상처를 받아 기분이 상하고 그 사람에게 좋게 반응하기는 어렵겠지요.

이처럼 감정은 변덕스럽게 변할 수 있습니다. 그러니 상대방이 여러분에게 서운한 반응을 보인다고 해서 그 행동을 여러분과 함께한 시간에 대한 평가로 오해하지 않았으면 합니다. 혹시 그렇게 반응할 만한 원인이 되는 일이 있지는 않았는지 찾아보는 편이 서로에게 더 좋습니다.

생각이 감정을 만든다

감정을 느낀다는 것은 어떤 자극이나 대상에 대해 생각했다는 겁니다. 자신이 바라는 것에 도움이 되는지 아니면 도움이 되지 않는지에 대한 판단에서 유쾌한 감정인지 불쾌한 감정인지가 결정됩니다. 그렇기에 생각하지 않으면 감정은 느껴지지 않습니다. 판단하지 않으면 불쾌하지 않습니다.

결국, 상처는 생각이 만들어내는 것입니다. 상처는 그 사람의 말이나 행동에 대해 내가 어떤 생각을 했느냐에 따라 달라질 수 있습니다.

그렇다고 필요한 판단을 하지 말라는 것이 아닙니다. 판단을 해야 생존과 적응에 필요한 정보를 취해, 처한 상황에서 적절히 행동하고 대처할 수 있기 때문입니다. 다만, 불필요한 판단을 섣불리 하지 말고 보류하라는 얘기입니다. 판단하지 않으면 상처도 받지 않습니다. 불필요한 평가를 보류하는 연습을 시작해 보세요.

감정은 그저 해소를 요구할 뿐이다

"저 사람은 왜 그렇게 충동적이야?", "저 사람은 충동 조절을 못 하는 것 같아"와 같은 얘기를 하곤 합니다. 이처럼 우리는 충동을 분노와 슬픔과 다른 별개의 특정한 감정으로 생각합니다.

그런데 사실 충동은 별개의 특정한 감정이 아닙니다. 그저 과거에 상처받아서 아팠던 분노, 슬픔, 불안, 공포 등과 같은 감정들이 내면에 쌓여서 계속 나가겠다고 충동질을 하는 것입니다. 내면에 쌓여 있는 아픔들이 밖으로 나가겠다고 하는 거지요.

그저 참는 방법밖에 없다고 상처받은 아픔들을 꾹 참고 누르는 사람들이 많습니다. 하지만 살아보면 알게 됩니다. 참으면 사라지리라 생각했던 그 감정이 다시 생생하게 올라오는 순간들이 있다는 것을요. 다 지난 일이라 생각했던 아픔들이 지난 일이 아니라는 것을 깨닫는 순간들이 있습니다. 내면에 쌓여 버린 감정들을 안전하게 밖으로 꺼내 주지 않으면 충동질은 계속됩니다.

충동적이라고 여겨지는 사람이 늘 충동적인 상태에 있는 것은 아닙니다. 안에 쌓여 있는 아픔과 감정들이 밖으로 안전하게 꺼내어지면, 더 이상 올라올 것이 없어서 차분해지기도 합니다.

충동과 비슷한 화병에 관해서도 얘기해 보겠습니다. 화병은 화나 억울함 같은 불쾌한 감정 등을 참다가 결국 열이 오르거나 가슴이 답답해지는 병을 말합니다. 소위 울화가 치민다고 하지요.

50대 중반의 여성인 은정 씨는 30년 가까이 시댁에서 시부모님을 모시고 살면서, 성격이 고약한 시부모님으로부터 많은 상처를 받아 왔습니다. 특히 시어머니는 며느리에게 잘난 아들을 뺏겼다고 생각했습니다. 시어머니는 아내인 은정 씨가 해야 하는 역할을 계속해서 자신이 챙겨서 했습니다. 아들의 속옷을 챙기고 음식을 차려주는 등 아들의 옆자리를 내어 주지 않았습니다. 시어머니가 그럴 때마다 은정 씨는 화가 났지만, 갈등을 만들고 싶지 않아 참기만 했습니다. 하지만 시어머니가 은정 씨를 무시하거나 비아냥거릴 때는 무척 상처를 받았습니다. 언제부터인가 은정 씨는 가슴에 답답함을 느끼기 시작했고, 점차 기운이 없어지며 시름시름 앓기 시작했습니다. 그러다가도 갑자기 울화가 치밀어 미칠 것만 같았습니다.

순현 씨는 오랫동안 다니던 회사에서 새로 온 상사에게 억울하고 부당한 일을 당했습니다. 그러나 혹시라도 소문이 나서 불이익을 받을까 봐 두려워 누구에게도 이에 대해 말하지 못했습니다. 1년 가까이 마음에 담아두다가 너무 힘들고 고통스러워서 직장생활을 계속 이어가기도 어려울 정도가 되었습니다. 결국, 순현 씨는 퇴사를 했습니다. 그러나 일을 쉬게 된 이후에도 가슴의 답답함은 사라지지 않았습니다. 계속 답답하고 의욕이 없어서 새로운 일을 시작할 엄두도 내지 못했습니다.

그러다가 순현 씨는 강의를 통해 저를 만나게 되었고, 어렵게 이야기를 꺼내놓게 되었습니다. 몇 년 동안 아무에게도 말 못 하고 힘들어하던 그 이야기는 단 5분도 걸리지 않았고, 그 강의 자리에 있던 모든 분들에게 충분히 억울할 만하다고 공감받았습니다. 그 순간 순현 씨는 거짓말처럼 마음이 편안해지는 것을 느꼈습니다. 이렇게 풀어내면 됐을 텐데 혹시라도 문제가 생길까 두려워 아무에게도 말 못 하다가 결국 화병이 됐던 거지요. 이후 순현 씨는 그 상처로부터 해방이 됐고, 웃음이 나왔으며 새로운 희망이 생기고, 구직에 대한 의욕이 생겼습니다.

혹시 여러분도 가슴속 깊이 묻어두고 아무에게도 말하지 못했던 것이 있나요? 그렇다고 아무에게나 얘기하라는 것이 아닙니다. 믿을 만한 사람을 찾아 여러분의 얘기를 꺼내 보세요. 놀랍게도 생각보다 그 얘기가 위험하지 않다는 것을, 생각보다 이상한 얘기가 아니라는 것을, 생각보다 특별한 경험은 아니라는 것을 알게 될 것입니다.

또한 이러한 것들을 꺼내는 것만으로도 화병에서 벗어날 수 있고 자유로워질 수 있습니다. 안에 쌓여 있는 아픔과 감정이 많을수록 답답하고 고통스럽습니다. 때로는 갑작스럽게 울컥하기도 하고, 다른 사람들에게 짜증이 나 화를 내기도 하고, 눈물이 나기도 합니다. 두통에 시달리기도 하고 소화가 안 되어 소화제를 달고 살기도 하고 기운 없이 시름시름 앓기도 하지요.

여러분의 마음을 한번 들여다보세요. 무엇을 밖으로 표현하지 못하고 있는지, 무엇이 마음에 걸려 있는지 들여다보세요. 그것을 밖으로 꺼내 표현하는 것만으로도 화병에서 벗어나 다시 건강해질 수 있답니다.

감정은 그냥 사라지지 않는다

마음이 아플 때 감정이 주는 정보를 취해서 처한 상황에서 적절히 대처했고 상황을 해결했지만, 여전히 마음에서 울화가 치민 적이 있지 않나요? 이미 지나버린 일인데 계속 마음이 답답하고 불편한 적이 있지 않나요? 일도 잘 해결됐는데 왜 끝이 아닐까요?

한 번 발생한 감정은 결코 그냥은 사라지지 않기 때문입니다. 문제를 해결했다고 이미 발생해버린 감정이 없어지는 건 아닙니다. 그렇다면 감정에 무엇을 해줘야 사라질까요? 상처받은 아픔은 우리에게 무엇을 원할까요? 우리는 아픔에, 그 감정에 어떻게 대처해야 할까요?

상대가 힘들다고, 불안하다고, 슬프다고, 고통스럽다고, 화가 난다고 얘기할 때, 우리는 어떻게 해결해줘야 할지 고민하고 방법을 찾습니다. 상대는 감정을 얘기하지만, 우리는 가슴으로 듣지 못하고 머리로 듣습니다. '이걸 어떻게 해결해주지?', '어떻게 말하면 만족할까?', '어떻게 조언해주지?'를 생각하지요.

그런데 감정은 결코 해결을 요구하지 않습니다. 이미 발생한 감정은 오직 느끼고 표현되어 사라지기를 원할 뿐입니다. 감정은 자극에 반응해서 발생하고, 느끼고 충분히 표현되면 사라집니다. 또 자극에 반응해서 발생하고, 느끼고 표현하면 사라지면서 왔다가 가는 것입니다. 전래 동화 〈임금님 귀는 당나귀 귀〉의 이야기 속 이발사는 답답한 마음에 시름시름 앓다가 죽을 것 같아 해소할 방법을 찾습니다. 아무도 듣지 못할 거라고 생각하고, 깊은 대나무 숲에 구덩이를 파고는 거기에 외쳤습니다. "임금님 귀는 당나귀 귀!"라고요. 그러고 나니 이발사는 살 것 같았습니다. 속이 시원하고 다 나은 것만 같았지요.

그렇습니다. 화가 났을 땐 그 화를 느끼고 표현하면 사라지고, 슬플 땐 그 슬픔을 느끼고 표현하면 사라집니다. 상처받은 아픔 또한 그 아픔의 감정을 그저 느끼고 표현하면 사라지는 것입니다. 그러니 자신이든 다른 사람이든 상처로 힘들어하고 있다면 그 감정을 그대로 느끼고 표현할 수 있도록 도와주세요.

Chapter 2

감정은 상처의 신호다

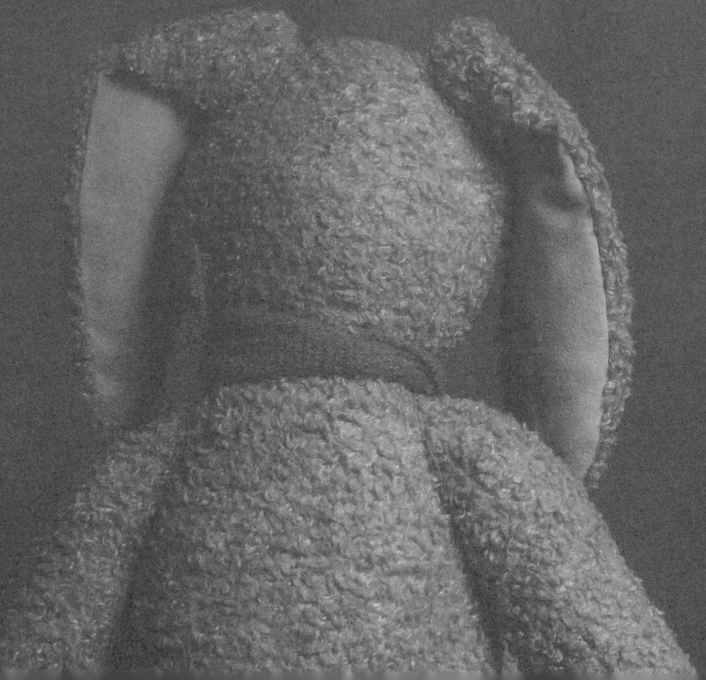

아픔은 흔적을 남긴다

발생한 감정은 계속 남아서 '나 여기 있다'고 신호를 보냅니다. 자신을 알아달라고, 느끼고 표현해서 해소되어 사라지게 해달라고 신호를 보내지요. 이러한 감정의 속성을 가장 적절하고 정확하게 표현할 수 있는 비유가 두 가지 있습니다.

첫 번째는 감정은 '귀신'이라는 것입니다. 해소되지 못한 감정은 한 맺힌 귀신과 같습니다. 발생은 했으나 느끼고 표현되지 못해 한을 품은 귀신입니다.

느끼고 표현되지 못하면 그 상처받은 감정은 어떻게 될까요? 모른 척하고 꾹 참고 누르면 어디론가 사라져 줄까요? 그렇지 않습니다. 그 감정은 결코 사라지지 않고 우리 가슴속

구석구석에 쌓여 있습니다. 그런 감정들은 굉장히 집요하게 신호를 보냅니다. 나 여기 있다고. 상처받은 감정이 여기 있다고 말입니다. 그렇게 신호를 보내며 해소되기를 요구하지요.

몇 년 전에 일자리에서 부당하게 잘렸던 그 상처받은 감정 여기 있다고, 남편에게 비난받았을 때 상처받고 억울했던 감정이 여기 있다고, 친구가 무심코 지나가면서 한 말에 자존심이 상해서 상처받은 나 여기 있다고 신호를 보냅니다. 상처받은 감정들은 그렇게 우리 삶에 영향을 끼칩니다. 마치 한 맺힌 귀신처럼 말입니다.

우리는 매체에서 귀신이 등장하는 드라마나 영화를 드물지 않게 접하곤 합니다. 대표적인 이야기로 전래 동화 〈장화홍련전〉이 있습니다. 억울하게 죽은 장화와 홍련 자매는 사또 주변을 계속 맴돕니다. 이처럼 귀신들은 주인공과 주변 사람들을 맴돌면서 자신의 한을 듣고 풀어달라고 애원하지요. 귀신을 주제로 한 영화 〈헬로우 고스트〉에서는 주인공의 등에 여러 귀신들이 업혀 있는 장면이 나옵니다. 그래서 주인공은 늘 어깨가 짓눌려서 무겁고 피부는 탁하며 얼굴엔 다크서클이 가득합니다.

우리도 그러합니다. 상처받은 감정들이 계속 쌓여 있으면 그 감정들은 우리 주변을 맴돌면서 한을 풀어달라고 신호를 보냅니다. 그래서 얼굴은 어둡고 몸은 무겁지요. 주변 사람들이 무슨 일 있냐고 물어보곤 합니다. 주인공이 귀신의 존재를 알게 되고 그 한을 풀어주면 귀신들은 고맙다고 인사하며 떠나갑니다. 감정도 마찬가지입니다. 상처받은 감정들의 존재를 알아주고, 그들의 한을 풀어주면 떠납니다. 몸과 마음이 한결 가벼워지고 피부가 맑아지고 얼굴은 환해지지요.

저는 심리상담 전문가로서 20년 넘게 개인상담과 집단상담을 꾸준히 해 오고 있습니다. 그런데 상담을 하다 보면 내담자들의 어둡던 얼굴빛이 환하게 변하는 것을 목격하곤 합니다. 특히 집단상담에서 그런 경우가 많습니다. 처음 참석했을 때는 모두가 어깨에 많은 짐을 잔뜩 얹고 앉아 있습니다. 이목구비는 예쁜데 표정이 어두워서 별로 예뻐 보이지 않는다거나 얼굴이 어두워 보이는 사람들이 종종 있습니다. 그러다가 집단상담이 진행되면서 자신이 눌러놓았던 귀신들의 정체를 알게 되고, 그 귀신들을 만나고 이야기를 풀어놓으면서 자유로워지는 경험을 하게 됩니다. 그러면 얼마 후 얼굴빛이 환해지지요. 마치 피부 마사지를 받은 것처럼 맑아지고 예뻐집니다.

그러니 피부 마사지뿐만 아니라 마음의 마사지도 해주세요. 마음의 마사지 또한 피부를 맑고 예쁘게 만든답니다. 마음에서 우러나오는 맑음과 예쁨을 경험해 보세요.

도대체 집중이 안 돼!

소연 씨는 요새 직장에서 집중이 잘 되지 않습니다. 주변 동료들과 이야기를 나눌 때도 무슨 말을 하고 있는지 귀에 잘 들어오지 않고, 자료를 보아도 글자가 눈에 잘 들어오지 않습니다. 그런 소연 씨를 보고 부장님은 정신을 어디에 뒀냐며 핀잔과 눈치를 줍니다. 그런 얘기를 들으면 소연 씨도 걱정이 되고 풀이 죽습니다.

소연 씨는 왜 그러는 걸까요? 사실 소연 씨는 최근에 남편과 심하게 싸운 뒤 냉전 중에 있습니다. 이혼을 해야 하나 고민도 됩니다. '내 말이 너무 심했나? 어떻게 화해를 하지?'라며 불안하기도 했다가, '아니야. 도저히 용서가 안 돼. 이렇게는 계속 살 수 없어'라며 화가 나고 마음이 불편합니다.

무엇이 소연 씨를 이렇게 만들었을까요? 바로 해소되지 못한 감정입니다. 상황이 원치 않는 방향으로 악화될까 봐 두려운 감정이 꿈틀거립니다. 남편과의 관계가 잘못될까 봐 불안합니다. 그러다가 남편이 자신에게 심하게 했던 말과 행동이 떠올라서 화가 납니다. 이러한 감정들이 소연 씨가 다른 곳에 신경 쓰는 것을 방해합니다. 감정이 보내는 신호에만 신경 쓰게 하는 거지요. 심리학에서 '신경을 쓴다'는 것은 '주의를 준다'는 의미입니다. 주의는 에너지와 같습니다. 결국 에너지를 해소되지 못한 감정에 쓰게 되는 겁니다.

인간이 한 번에 쓸 수 있는 에너지의 양은 한정되어 있습니다. 상당한 양의 에너지가 해소되지 못한 감정에 쓰이기 때문에 남는 에너지가 별로 없게 되고, 결과적으로 일을 처리하는 데 쓸 에너지가 부족하게 됩니다. 그래서 동료가 하는 말에 주의를 주기 어렵고, 무슨 말을 하는지 처리하기도 어렵습니다. 자료를 보고 내용을 파악해야 하지만, 거기에 쓸 에너지가 별로 없어서 내용을 잘 처리하지 못하고 일의 진척이 더뎌지게 되지요. 집중이 안 되고 산만해집니다.

살다 보면 이런 경우가 굉장히 많습니다. 부모는 자녀가 집중력이 떨어지고 산만할 때 이렇게 생각하거나 말하곤 합니다. "엄마 아빠가 얼마나 고생해서 너를 학교에 보내고 학원에 보내는데 이렇게밖에 못해? 정신 똑바로 차리지 못하겠어?" "의지가 약한 거야. 정신만 똑바로 차리면 돼."

심리상담센터에 아이를 데려오는 부모들이나 정신과에 자녀를 의뢰하는 부모들이 이런 얘기를 자주 하곤 합니다. "우리 아이는 문제가 있는 것이 아니라, 의지가 약한 것 아닙니까?"라고요. 과연 의지의 문제일까요? 과연 정신을 똑바로 차리라고 하면 정신이 차려지는 것일까요?

이는 단순히 의지나 노력의 문제가 아닙니다. 해소되지 못한 감정이 한 맺힌 귀신이 되어서 영향을 끼치는 겁니다. 해도 잘 안되고 본인도 답답하고 괴로운데, 의지의 문제로만 본다면 오히려 마음을 알아주지 않는 얘기에 서운한 감정을 느낍니다. 여기에 자신을 비난하는 마음이 들어 죄책감이 느껴질 수도 있습니다. 서운함, 화남, 죄책감 등의 추가로 발생한 감정에 더욱 주의가 빼앗겨 그렇지 않아도 낮아진 주의집중력이 더욱 저하되지요. 주의집중력을 높이라고, 정신 차리라고 말하지만, 그 말이 주의집중력을 더 떨어뜨리고 해소되지 못한 감정들을 더욱더 만들어내는 꼴이 됩니다.

그러니 누군가 집중을 잘하지 못한다면, 반드시 그에게 주의를 빼앗는 사건이 있다는 것을 기억하시길 바랍니다. 정신 차리라고 강압적으로 말하기보다는, 그 감정 경험이 무엇인지 들여다보고 그 속에서 느꼈던 감정들이 무엇인지 하나하나 되짚어주세요. 그 감정을 느끼고 충분히 표현해서 해소하게끔 노력해 보세요. 그 감정의 못다 이룬 한을 풀어주세요.

도대체 무슨 일이 있었는지 모르겠다고요? 무슨 일이 영향을 미쳤는지 궁금하다면, 상대에게 직접 물어보세요. 자신에게도 마찬가지입니다. 집중이 안 될 때 머릿속에 무엇이 자꾸 맴돌며 떠오르는지 스스로 물어보세요. 가슴에 어떤 감정들이 맴돌고 있나요? 무엇이 가슴속에서 충동질하고 있나요? 바로 그 맴도는 것이 답답함을 풀어줄 단서입니다.

감정 귀신이 무엇인지 알았다면, 그 감정 귀신이 여러분을 붙잡고 무슨 얘기를 하는지 들어보세요. 때로는 특별한 사건이 있지 않더라도 바쁘게 산 탓에 지친 감정이 우리에게 신호를 보내기도 합니다. 피로해서 작업 속도가 느려지기도 하고 갑자기 울적해지기도 합니다. 그럴 때 여러분의 감정은 "힘들어", "피곤해", "지쳤어"라고 이야기하고 있습니다. 그 지친 마음을 알아주세요. 충분히 느끼고 표현해주세요. 물론 우리에게 좀 쉬라고 이야기하는 것이지만 신기하게도 지친 감정을 알아주는 것만으로도, 그 감정을 그대로 느끼고 표현하는 것만으로도 별다른 휴식 없이 다시 일을 시작할 수 있습니다.

박사과정 때의 일입니다. 상담센터에서 일하면서 대학원에서 학업도 마쳐야 하고, 전문 상담자의 수련과 결혼생활까지 함께하느라 무척 바쁜 나날을 보내고 있었습니다. 하루는 일을 마치고 집에 돌아와서 혼자 저녁 식사를 하려고 밥 한 숟가락을 입에 넣는 순간, 뭔가 가슴 깊숙한 곳에서 울컥하는 것이 느껴졌습니다. 별다른 사건 사고도 없었고 마음에 걸리는 것도 없었는데 말입니다. 그래서 숟가락을 내려놓고 그 감정에 집중해 봤지요. 눈물이 올라왔습니다. 왠지 모를 지치고 힘든 감정이었습니다. 별일은 없었지만, 바쁜 나날을 보내면서 몸이 지쳐가고 있었던 겁니다. 지치고 힘든 감정을 알아주고 가슴에서 올라오는 대로 티슈를 훔치며 꺼이꺼이 울었던 기억이 납니다. 실컷 울고 나니 금세 마음이 가벼워졌습니다. 가슴이 시원해지고 신기하게도 밥맛이 돌았습니다. 배가 고파졌고 밥이 먹고 싶어졌습니다. 그리고 다시 기운이 났습니다. 새롭게 시작할 수 있을 것만 같았지요. 그렇게 울고 난 후 밥을 먹고 그동안 그래왔던 것처럼 계속 열심히 살았던 기억이 납니다. 가끔 쉴 수는 없지만 지치고 힘든 감정이 올라올 때는 이렇게 그 감정을 만나 풀어주곤 합니다. 그러면 다시 시작할 수 있으니까요.

에너지를 회복하는 방법은 의외로 간단합니다. 사실 모든 사람은 자신만의 능력이 있고 자원이 있습니다. 모두 무언가를 잘할 수 있는 능력이 있지요. 그런데 살면서 이런저런 경험을 통해 상처를 받고, 여러 어려움을 겪게 됩니다. 즉, 모두가 자신만의 에너지를 가지고 태어나지만, 그 에너지의 상당 부분을 살아가면서 경험하는 수많은 상처에 빼앗겨서 주의집중이 어려워지고 능력 발휘를 잘하지 못하게 되는 겁니다.

결국, 살아가는 과정에서 에너지를 빼앗기는 것이므로 그 에너지를 회복한다면 주의집중력을 회복할 수 있습니다. 주의와 에너지가 빼앗기고 있는 곳이 어딘지 찾아내서 그것으로부터 자유로워진다면 에너지가 회복되어 수행능력과 성취가 증가합니다.

에너지가 회복되면 의욕이 생기고 무엇인가를 할 동기가 생깁니다. 그리고 행복감이 나타나는 등 유쾌한 감정들이 올라오지요. 많은 분들이 "저는 행복하지 않아요, 어떻게 하면 행복해질 수 있을까요?"라고 묻습니다. 그건 주의를 빼앗아 가는 불쾌한 감정들이 많이 있기 때문입니다. 표면에 올라와 있는 상처받은 감정들을 걷어내면, 그 아래에 가라앉아 있던 즐거움과 희망, 행복감 등의 유쾌한 감정들이 올라오게 되는데 말입니다.

자꾸 기억이 안 나!

효성 씨는 요새 냄비를 불 위에 올려놓고 잊어버린다거나, 하려던 일이 무엇인지 기억을 못 하고, 중요한 서류를 엉뚱한 곳에 두고 오는 등 자꾸만 깜박해서 걱정입니다.

효성 씨에게 무슨 일이 있었던 것일까요? 며칠 전, 효성 씨는 중학생 아들의 담임선생님에게 전화를 받았습니다. 아들이 자꾸 지각이나 조퇴를 하고, 주변 친구들을 위협하거나 때린다며 각별한 관심이 필요하다는 얘기였지요. 이후 효성 씨는 온통 아들에 대한 걱정과 그에 관한 생각뿐입니다.

기억이라는 것은 특정 정보에 주의를 반복적으로 줬을 때, 그 정보가 기억의 저장고로 이동하는 겁니다. 그런데 주의가 다른 곳에 잔뜩 빼앗겨서 남는 에너지가 별로 없다면 기억의 저장고로 보내질 정보 또한 적어지는 거지요. 그렇게 기억력이 떨어지게 됩니다. 즉, 기억력 저하는 주의를 빼앗는 일이 있다는 것이고, 나아가 신경 쓸 일이 너무 많다는 것을 의미합니다.

기억력을 확인하는 대표적인 수단이 시험입니다. 시험은 한마디로 기억력 테스트라고 볼 수 있지요. 주어진 정보 중에서 얼마나 많은 양의 정보를 기억의 저장고로 넘겼는지 확인하는 겁니다.

많은 부모가 자녀에게 좋은 성적을 기대하고, 그 결과로서 자녀가 좋은 대학에 들어가기를 바랍니다. 심리학적 측면에서 보면 성적에 영향을 미치는 가장 중요한 요인은 '안정성'입니다. 불안정한 상태에서는 에너지를 빼앗기는 곳이 많아 학업에 주의를 할당하기 어렵기 때문입니다. 마음이 불안정하면 학업의 효율성도 떨어지고 학업 성취도에서 낮은 결과를 얻게 됩니다. 반면, 마음이 안정적일 때는 에너지를 쓸데없이 빼앗기지 않아 자신의 에너지를 주어진 정보에 온전히 할애하여 기억의 저장고로 보내 높은 성적을 거둘 수 있습니다. 한마디로 자녀가 쓸 수 있는 에너지의 양을 많이 확보하게 하는 것이 성적 및 학업 성취도를 높이는 길이라는 겁니다. 그러기 위해서는 자녀가 안정감을 느끼는 환경을 만들어 주는 것이 중요하겠지요.

문득 감정 귀신이 엄습해 온다

요새 호준 씨는 친구들과 재미있게 놀다가도 별일도 아닌 것에 욱하고 화가 치밀어 오릅니다. 자신도 모르게 욱하면 친구들도 깜짝 놀라고 호준 씨도 당황스럽습니다.

소은 씨는 요즘 그럴 만한 상황이 아닌데도 이유 없이 울컥하고 눈물이 날 때가 있습니다. 그럴 때마다 당황스러워 이유를 찾아보지만, 알 수가 없어 답답하기만 합니다.

최근에 승민 씨는 퇴근하고 집에 돌아와서 특별한 이유가 없는데도 아내에게 자꾸 짜증을 내고 화를 내게 됩니다.

이렇게 감정 귀신은 갑작스럽게 우리를 엄습해 오기도 합니다. 과연 그들에게는 무슨 일이 있었던 걸까요? 호준 씨는 최근 부모님에게 두 분의 이혼 사실을 일방적으로 통보받았습니다. 호준 씨는 순간 모든 것에 화가 났습니다. 자신에게는 소중한 가족인데 이를 깨뜨린 것에 화가 났고, 평범한 가정에서 자라고 싶었는데 이러한 자신의 소망을 망쳐버린 것에도 화가 났지요. 또한 이렇게 중요한 일을 두 분이 일방적으로 결정한 것에 화가 났습니다. 자신이 존중받지 못했다고 생각된 거지요.

소은 씨는 얼마 전에 10년 동안 키우며 정든 애완견 순이의 죽음을 겪었습니다. 다른 가족들이 힘들어할까 봐 자신이라도 묵묵히 견디자고 다짐하면서 힘든 감정을 눌러 놓았는데 그 슬픔이 자꾸만 올라와서 울컥하곤 합니다.

결혼 10년 차인 승민 씨는 친구들이 아이의 사진을 보여주거나 커가는 아이들을 자랑할 때마다 자신만 아이가 없는 것이 속상했습니다. 빨리 아이를 갖고 싶은 마음이 많아졌지요. 그러다 보니 아이가 없는 것이 아내의 지나친 사회적 활동으로 인한 과로 때문인 것만 같아서 화가 났습니다. 그렇다고 아내에게 그런 내색을 할 수는 없었습니다. 결국, 자신도 모르게 원망하는 마음이 삐죽 튀어나와서 별일 아닌 것에 자꾸만 짜증을 내게 됐습니다.

우리는 모두 이런 일들을 경험합니다. 참고 눌러 놓은 것들이 갑작스럽게 불쑥 올라오는 일을요. 상처 입은 감정 귀신은 우리 주변을 맴돌다가 예기치 않게 우리를 엄습해 오곤 합니다.

다른 사람의 말을 자꾸 오해하네!

해소되지 못한 감정이 있으면 이후 유사한 자극이나 사건이 나타났을 때 자꾸만 지각이 왜곡됩니다.

민수 씨는 점심을 함께 먹으러 가자고 하는데 배가 아파서 안 먹겠다는 후배 직원에 대해, '나랑 밥 먹으러 가기 싫어서 일부러 거짓말하는 거 아냐?'라는 생각이 들어 마음이 불편합니다.

김 과장은 평소 솔직한 편인 동료 이 과장이 자신에 대해 솔직하게 하는 말을 듣고 '나를 무시하나?'라는 생각이 자꾸만 들어 불쾌해집니다.

사실 민수 씨는 초등학교 때 아이들에게 따돌림을 받은 경험이 있었습니다. 이후 대인관계에 자신이 없어진 민수 씨는 다른 사람들이 자신을 싫어할지 모른다는 생각을 자꾸만 하게 됐습니다. 그래서 점심 식사를 거절한 후배 직원의 마음을 넘겨짚고 화가 나게 됐습니다. 김 과장은 최근 들어 부장님에게 지적을 많이 받았습니다. 열등감이 생긴 김 과장은 '다른 사람들도 나를 무시할 거야'라는 생각이 자꾸 들어 다른 직원들과 있을 때 그들의 눈치를 살피게 되고 마음이 불편해집니다. 그래서 평소라면 넘어갔을 이 과장의 말에 더 크게 불쾌해졌습니다.

혹시 주변에 무슨 말만 하면 왜곡해서 듣는 분들이 있지 않나요? 이들은 사람들의 말을 안 좋게 오해하고, 다른 의도로 해석해 갈등을 빚곤 합니다. "어휴, 정말 그 사람한테는 무슨 말을 못 하겠어. 말만 하면 왜곡해서 들으니." 답답한 마음에 한숨이 나오기도 합니다.

사실 그 사람에게는 해소되지 못한 감정 경험이 너무나 많이 쌓여 있기 때문입니다. 과거에 상처받은 감정들이 소화되지 못하고 쌓여서 영향을 미치고 있는 거지요. 자라 보고 놀란 가슴, 솥뚜껑 보고 놀라는 격과 같습니다.

자신에게 영향을 미치고 있는 과거의 감정 경험이 무엇인지 들여다보세요. 무엇이 소화되지 못한 채 얹혀 있는지 확인해서 그것을 다시 소화시키는 노력이 필요합니다. 그래야 내 앞에 있는 그 사람의 말과 행동이 딱 그만큼만 들리고 보입니다. 지금 앞에 있는 그 사람은 과거에 여러분에게 상처를 줬던 그 사람이 결코 아니라는 것을 알게 되지요.

몸이 여기저기 아파요

감정 귀신은 먼저 주의집중력을 떨어뜨리고, 기억력을 떨어뜨립니다. 갑작스럽게 엄습해 오기도 하고, 지각을 왜곡하기도 하지요. 이렇게 다양한 신호를 보내는데도 감정 귀신을 알아주지 않으면, 귀신은 우리의 몸까지 영향을 미칩니다. 몸이 아플 때 이를 무시하기는 쉽지 않거든요. 두통 때문에 머리가 아파서 미칠 것 같아 검사를 받아보지만 특별한 이상이 없다고만 합니다. 때로는 소화불량이 오기도 하고 체하기도 합니다. 복통이나 설사가 발생하기도 하지요.

혁진 씨는 군대에서 훈련을 받던 중에 갑자기 무릎 통증을 느꼈습니다. 검사 결과, 신체에는 이상이 없었으나 심한 무릎 통증으로 인해 군 생활이 어려워졌습니다. 혁진 씨는 몇 달 전인 한겨울에 갑작스러운 훈련으로 깊은 산속에서 5일간 있어야 했습니다. 예정되지 않았던 훈련이라 식량이나 방한용품이 부족한 상태에서 산에 들어갔습니다. 혁진 씨는 배고픔과 추위와 싸우는 과정에서 동상까지 걸렸습니다. 그 고통은 말로 표현하지 못할 정도로 끔찍했고, 이후 별일이 없는데도 무릎에 통증이 찌릿찌릿 발생하기 시작했습니다. 이렇게 시작된 무릎 통증은 계속 심해져서 급기야 군대 훈련을 이어가기가 어려워졌습니다. 여러 병원에서 정밀 검사를 시행했지만, 특별히 이상 있는 곳은 발견되지 않았습니다.

연희 씨는 가슴 부위가 뜨끔거리는 통증으로 삶이 고통스럽다고 호소하는 중년 여성입니다. 연희 씨는 9남매 중의 막내로, 많은 형제자매로 인해서 부모님의 관심이나 사랑을 받지는 못했지만 건강한 몸으로 열심히 일해서 사회적으로 성공을 거두는 듯 했습니다. 그러다 현재의 남편을 소개받아 결혼하게 됐습니다. 연희 씨는 드디어 자신만 바라보고 자신에게 잘해주는 사람이 생겼다는 생각에 잔뜩 들떴습니다. 하지만 결혼생활이 1년 정도 지나면서 남편에게 알코올 문제가 있다는 것을 알게 됐습니다. 남편은 술만 마시면 화를 내며 물건을 부수기 일쑤였습니다. 온갖 노력을 해 봤지만, 남편의 술주정은 달라지지 않았습니다. 그러던 중 연희 씨는 무릎 한쪽에 퇴행성 관절염 진단을 받게 됐습니다. 연희 씨는 매우 큰 충격을 받았습니다. 삶에서 믿고 의지할 데라고는 건강한 몸밖에 없다고 생각했는데, 몸마저 나빠졌다는 사실을 알게 되니 이제 아무것도 없다고 느껴진 것입니다. 연희 씨는 우울하고 무력해졌습니다. 그러다 가슴 부위에 찌릿찌릿한 통증이 발생했고, 점차 통증이 심해지면서 일상생활이 어려워졌습니다. 아내의 가슴 통증으로 인해 남편은 전국의 수많은 병원을 돌아다녀 봤지만, 이상이 없다고만 할 뿐이었습니다.

이들은 모두 말합니다. 몸이 아파서 힘들다고요. 그러나 사실은 이들을 힘들게 하는 사건이나 대상은 따로 있습니다. 그 상처로 인해서 마음이 아픈 건데 그 상처를 보려고 하지 않습니다. 불편하고 두려우니까요. 그렇게 외면한 상처받은 감정은 신체 증상을 만들고, 사람들은 신체 증상으로 고통을 호소하게 됩니다. 그리고는 신체 증상 때문에 힘들다고 말합니다.

그렇다면 왜 신체 증상으로 고통을 호소할까요? 바로 얻는 게 있기 때문입니다. 첫째, 힘들다고 당당히 호소할 수 있습니다. 혁진 씨는 무릎 통증으로 군 생활이 고통스럽고 힘들다고 말합니다. 연희 씨는 가슴 통증으로 지금 사는 것이 너무 힘들다고 외칩니다. 실제로 이들에게 나타나는 통증은 거짓이 아닙니다. 혁진 씨와 연희 씨 모두, 주관적으로 통증을 느끼고 있기 때문입니다.

둘째, 고통을 제공하는 요인을 줄이거나 상처를 준 대상을 괴롭힐 수 있습니다. 혁진 씨는 "군 훈련이 너무 힘들어요"라고 말하는 대신, "무릎 통증으로 군 훈련을 받기가 어렵고 힘들어요"라고 호소함으로써 군 훈련을 회피하고 조기 제대까지 할 수 있게 됐습니다. 연희 씨도 "남편의 알코올 문제로 너무 힘들어요"라고 하는 대신, "가슴 통증으로 살기가 힘들어요"라고 호소함으로써 남편의 술주정이 감소했을 뿐 아니라 이제 남편은 가슴 통증으로 일상생활이 어려운 아내를 돌봐야 합니다.

이처럼 상처에 대한 회피가 신체 증상을 만들어 냅니다. 그 상처를 마주하기가 두렵고 싫기 때문입니다. 끝없이 외면하면 감정 귀신은 계속해서 신체 증상을 만들어 냅니다. 감정 귀신을 마주하지 않으면 신체 증상도 사라지지 않습니다. 한겨울에 동상까지 걸려 가면서 죽을 것 같이 힘들게 훈련했던 그 공포와 아픔을 마주하지 않으면 무릎 통증은 사라지지 않을 겁니다. 남편의 알코올 문제 때문에 결혼생활에서 느낀 실망과 관절염으로 인해 절망했던 그 상처를 마주하지 않는다면, 가슴 통증은 사라지지 않을 겁니다. 그러니 더 이상 외면하지 말고 용기를 내어 들여다보세요. 정말로 무엇 때문에 고통스럽고 힘든지 말입니다. 상처를 마주하고 상처받은 아픔을, 그 감정을 충분히 느끼고 표현한다면 감정 귀신은 떠나갈 것입니다.

잠이 안 와요

잠이 잘 오지 않아서 힘든 적이 한 번쯤은 있을 겁니다. 그럴 때를 잘 기억해 보면, 눈을 감고 자려고 하지만 자꾸만 생각이 떠올라 잠이 오지 않았을 것입니다. 해소되지 못한 감정 귀신들이 잠을 자지 못하게 주변을 알짱거리고 있는 거지요. 자신의 한을 풀어달라고 말입니다.

잠을 자지 못해서 힘들다면, 아무리 노력해도 잠이 들지 않는다면 이러한 방법도 한번 써보기를 추천합니다. 계속 자려고 애쓰기보다는 그 알짱거리는 것이 무엇인지 직접 들여다보세요. 낮에 들었던 직장동료의 기분 나쁜 말 한마디일 수도 있고, 다른 사람들 앞에서 부끄러운 행동을 했던 것일 수도 있고, 자녀의 등록금을 마련해야 하는 부담감, 또는 아직 처리하지 못한 급한 일일 수도 있습니다.

침대에서 일어나 머리에 맴돌고 있는 것을 종이에 적어보는 것도 좋습니다. 느껴지는 감정과 생각을 따라가면서 적다 보면 어느새 마음이 편안해질 것입니다. 그리고 다시 잠자리에 누워보세요. 잠드는 방법은 의외로 간단할 수 있습니다.

감정은 똥이다

감정에 대한 두 번째 비유를 알려드리기에 앞서, 독자분들께 먼저 양해를 구합니다. 비위가 좋지 않으시거나, 이것에 대해 편견이 있다면 마음이 불편해지실 수도 있으니까요. 그러나 20년 넘게 감정을 연구해 온 제 소견으로는, 감정에 대해선 이보다 더 적절한 비유는 없을 것 같습니다. 감정에 관한 연구를 할수록 그리고 임상에서 많은 분의 감정을 접하고 다룰수록, 감정에 대해 이 비유가 정확히 맞다는 것을 매번 알게 됩니다.

감정은 몸 밖으로 해소해야 한다

바로 감정은 '똥'입니다. 우리는 매일 무언가를 먹습니다. 그리고 그 결과, 똥이 만들어집니다. 똥은 반드시 몸 밖으로 내보내야 합니다. 여러분. 혹시 오늘 똥 싸셨나요? 못 쌌으면 내일 싸겠지요. 내일도 아니라면 그다음 날에는 싸겠지요. 그렇게 계속 못 싼다면 약이라도 먹고 싸야 하고, 그래도 안 된다면 관장이라도 해서 똥을 몸 밖으로 꺼내야 합니다. 그렇지 않으면 똥독에 올라 죽을 수도 있습니다.

감정은 똥과 같습니다. 우리는 매일 다양한 자극과 만나고, 그 결과 감정이 발생합니다. 발생한 감정은 똥과 같이 몸 밖으로 꺼내 줘야 합니다. 그렇지 않는다면 똥독에 올라 고통을 겪게 되고, 죽을 수도 있습니다. 감정의 경우, 똥독은 앞서 언급한 주의집중력 감소, 기억력 감소, 지각의 왜곡, 신체 증상, 불면 등이 됩니다. 이로 인해서 살아가는 게 고통스럽고 삶이 힘겨워져서 죽음을 선택할 수도 있습니다.

감정을 해소하는 데는 상대가 필요하지 않다

과거에는 감정에 대한 편견과 오해가 가득했지만, 지금은 감정에 대한 인식이 많이 개선됐습니다. 그래서 감정을 표현하는 것이 중요하다고 많이 생각하지요. 그런데 이와 관련해서 많은 분들이 착각하는 것이 있습니다.

수지 씨는 과장님이 직원들이 있는 자리에서 자신을 나무란 데에 상처받고 화가 났습니다. '정말 화가 나. 어떻게든 과장님에게 내가 얼마나 무안했고 상처받았는지 얘기해야만 해. 그래야 이 고통스러운 마음이 풀릴 수 있을 것 같아.' 그래서 수지 씨는 매일 머릿속에서 과장님에게 어떻게 다가가 대화를 유도하고 자신의 마음을 표현할지 시뮬레이션을 합니다. '저기 복도에서 과장님이 걸어온다. 그러면 다가가서 말을 건넨다. 이렇게 말을 하고.' 매일 어떻게 할 것인지 상상하지만, 시도조차 하지 못한 채 실패하고 맙니다. 매일 더 열심히 머릿속으로 그려 보지만, 준비만 할 뿐 과장님에게 말도 꺼내지 못합니다.

설령 과장님에게 어렵게 얘기를 꺼냈다고 하더라도, 수지 씨가 준비했던 이야기를 다 할 수 있을까요? 아마도 과장님은 수지 씨의 말에 자신이 상처받을 수도 있겠다는 생각이 들어 방어하는 자세로 수지 씨의 말을 중간에 끊을지도 모릅니다. "내가 뭘 그렇게 심하게 했다는 거야? 지금 뭐 하자는 거지?"라며 오히려 화를 낼 수도 있고, "상사로서 그 정도 말도 못 하나?"라며 방어하기에 급급해할 수도 있습니다.

상처를 준 대상은 자신이 상처받을 수 있다는 생각에 방패를 들고 자신을 보호하기에 급급합니다. 그러면 이렇게 질문할 수 있습니다. "그럼 그 사람 때문에 화가 났는데, 상대방에게 말도 못 하나요?", "난 참고만 있어야 하나요? 이렇게 마음이 아프고 억울한데 말이에요."

저는 이렇게 말씀드리고 싶습니다. 감정 해소와 감정 전달은 다르다고요. 감정을 해소할 때도 '표현'이라는 용어를 쓰고, 감정을 전달할 때도 '표현'이라는 용어를 쓰기 때문에 이 두 가지를 혼동하는 경우가 많습니다. 그러나 두 가지는 완전히 다릅니다. 또한, 감정 해소를 위한 표현 방식과 감정 전달을 위한 표현 방식은 매우 다릅니다.

많은 분들이 자신에게 상처를 준 상대에게 말을 해야 감정이 해소될 것이라고 생각합니다. 그러나 감정을 해소하는 데 있어서 상대방이 반드시 필요한 것은 아닙니다. 아니, 감정을 해소하는 데는 상대방이 필요하지 않습니다. 오히려 상대방은 감정을 해소하는 데 방해가 될 가능성이 크지요. 상대방에게 감정을 전달하는 건 선택의 문제입니다. 만약 전달하기로 선택했다면, 감정 전달을 위한 표현 방식을 따로 사용해야 합니다.

그런데 주변 사람들에게 상처받은 감정을 표현했다가 오히려 불편한 일을 경험했던 적이 있지 않나요? 오히려 소문이 나서 오해를 받고 어려운 상황에 처할 수도 있습니다. 그러니 누군가에게 상처받은 감정에 관해 이야기하고 싶다면 비밀을 지켜달라고 이야기를 꼭 하기 바랍니다. 그렇지 않으면 듣는 사람은 '이 사람이 나에게 얘기한다면 다른 사람에게도 말할 수 있는 거겠지'라고 생각할 수 있습니다.

감정 해소를 위한 사전조건을 확보하라

안전한 대상이 있다면 안전한 대상을 찾으십시오. 안전한 대상이란 여러분의 감정을 표현해도 별문제가 발생하지 않을 수 있는 사람, 이해해주고 수용해주며 끝까지 들어줄 수 있는 사람입니다. 여러분의 안전한 대상은 누구입니까? 친한 친구가 될 수도 있고, 남자친구나 여자친구, 남편이나 아내, 엄마나 가족이 될 수도 있습니다. 만약 지금 한 명이라도 떠올릴 수 있다면 여러분은 삶에서 어느 정도 성공한 겁니다.

감정을 안전하게 표현할 수 있는 대상이 있다면, 그 사람에게 감사할 필요가 있습니다. 많은 사람들은 감정을 부담스럽게 느끼고 불편해하기 때문입니다. 여러분 또한 감정이 불편하지 않나요? 누군가 제게 "왜 사람들은 감정에 서툴까요?", "왜 감정은 불편할까요?"라고 질문한 적이 있었습니다. 거기에 저는 두 가지 이유로 답을 했지요.

첫째, 감정에는 에너지가 들어가기 때문에 불편합니다. 모든 감정엔 에너지가 들어갑니다. 화날 때는 몸에서 열이 나고, 불안할 때는 긴장이 되서 어깨에 힘이 들어갑니다. 슬플 때 꺼이꺼이 울고 나면 진이 빠집니다. 현대인은 치열한 경쟁

사회에서 해야 할 것들이 많아서, 감정에 에너지를 쓰는 것을 부담스러워합니다.

그래서 바쁘게 살다 보면 화가 날 수 있는 말에도 화가 나지 않습니다. 그러다 일이 마무리되고 나서 잠자리에 누웠을 때 무심코 지나쳤던 말 한마디가 불쑥 떠오릅니다. "뭐야. 그건 나 기분 나빠지라고 한 말이잖아. 바보같이 한마디도 못하다니." 그제야 화가 나 어찌할 바를 모르지요.

두 번째 이유는 감정을 느낄 때 그 감정을 어떻게 다뤄야 하는지 모르기 때문입니다. 많은 사람들이 감정을 어떻게 다뤄야 하는지 잘 모릅니다. 내가 느끼는 감정에 대해서도, 그리고 다른 사람이 느끼는 감정에 대해서도 어떻게 다뤄야 할지 몰라 당황스러워합니다. 이 책을 통해서 감정을 제대로 이해하고 다루는 법을 습득하길 바랍니다. 더 이상 상처와 아픔이 불편하다고, 다루는 방법을 모른다고, 외면하지는 않길 바랍니다.

어떤 분들에게는 안전한 대상이 없을 수도 있습니다. 그렇다고 실망하지 마십시오. 어떤 말이나 행동을 해도 부작용이 없는 안전한 상황을 찾으면 되니까요. 혼자 있는 상황은 대표적인 안전한 상황입니다. 혼자 방에 있거나, 혼자 작업실에 있거나, 차 안에 혼자 있으면 안전합니다.

그런데 사실 안전한 상황을 찾기는 쉽지 않습니다. 직장에서는 늘 동료 직원들과 함께 있고, 집에서는 가족과 함께 있으며, 방 안에 혼자 있다고 해도 대부분 방음이 되지 않아서 안에서 나는 소리나 하는 행동이 밖으로 전해지기 마련입니다. 그런 경우라도 실망하지 마십시오. 안전한 방식을 사용하면 됩니다. 안전한 방식에 대해서는 뒤에서 자세히 설명해 드리겠습니다.

종합해 보면, 감정을 해소하려면 사전조건으로 안전을 확보해야 합니다. 안전한 대상에게 하거나, 안전한 상황에서 하거나, 또는 안전한 방식을 사용하여 해소합니다. 그래야 해소 과정에서 다른 사람에게 상처를 주지 않을 수 있고, 다른 사람들로부터 오해를 받지 않을 수 있으며, 감정을 충분히 해소할 수 있습니다. 그런데 해소를 위해서는 다음의 필수조건 세 가지를 모두 지켜야만 합니다.

감정 해소를 위한 필수조건 세 가지

감정을 해소하려면 느끼고 표현해야 합니다. 그런데 분명 상대에게 감정을 표현했는데도 여전히 화가 나고 속상했던 적이 있지 않나요? 우리는 가끔 할머니들이 한 맺힌 이야기를 하시는 걸 듣습니다. 할머니들은 상처받았던 이야기를 하고 또 하고 돌아가실 때까지 그 얘기를 반복해서 하기도 합니다. 우리가 그렇게 그분들의 이야기를 들어드리는데도, 왜 그분들은 죽는 날까지 여전히 처음 이야기하듯 반복해서 얘기하는 걸까요?

이유는 간단합니다. 해소되지 않았기 때문이지요. 감정이 해소되지 않아서 계속 이야기하는 것입니다. 감정을 해소하는 표현 방식에는 규칙이 있습니다. 그냥 표현한다고 감정이 해소되는 건 아니라는 겁니다. 다음의 규칙을 지키면 아무리 오랫동안 묵은 감정이라도 짧게는 5분, 길게는 30분 내로 충분히 해소될 수 있습니다.

첫 번째는 감정 단어를 명명해야 합니다. 많은 사람들이 감정을 표현하라고 하면, 내가 언제 어떻게 했는데 누가 어떻게 했다는 식으로 스토리를 말합니다. 그러나 스토리를 말한다고 감정이 해소되지는 않습니다. 그저 그런 일이 있었다는 것을 알리고 싶은 욕구가 해소될 뿐입니다. 감정이 해소되기 위해서는 감정 단어를 명명해야 합니다. "화나!", "억울해!", "슬퍼!", "미안해!"와 같이 감정 단어를 명명해야 감정이 해소되기 시작합니다.

두 번째는 감정을 몸 밖으로 꺼내야 합니다. 감정은 똥과 같아서 몸 밖으로 꺼내야만 비워져서 해소될 수 있습니다. 어떻게요? 바로 감정 단어를 말이나 글이나 몸을 통해서 밖으로 꺼내야 합니다. 먼저 소리를 내어 밖으로 꺼내십시오. 화가 난다면 "화나, 화나, 화나"라고 계속 소리 내어 밖으로 꺼내세요. 그러다 보면 화가 사그라지고 다른 감정이 올라오는 것이 느껴집니다. 신기하게도 상대에게 직접 하지 않았는데도, 몇 번 소리 내지 않았는데도, 마음이 시원해지는 것을 느낄 수 있습니다.

안전한 상황이라면 감정 단어를 소리 내어 밖으로 꺼낼 수 있겠지만, 그렇지 못할 때는 어떻게 해야 할까요? 바로 안전한 방식을 사용하여 밖으로 꺼내면 됩니다. 목소리를 대신할 수 있는 대표적인 안전한 방식은 글입니다. 목소리만큼은 아니라도 거의 비슷한 효과를 거둘 수 있습니다. 휴대폰의 메모장이나 종이, 또는 컴퓨터의 한글 창을 열어서 감정 단어를 계속 써 보세요. 글로 감정을 해소할 때는 글짓기를 하는 것이 아닙니다. 손가락이 입술이 되고 오타투성이 글자들이 목소리가 되어 밖으로 꺼내어지는 것입니다. 내면의 감정을 그대로 꺼내는 것이므로 주어와 동사가 있을 필요도, 문장이 맞을 필요도 없습니다. 욕이 올라온다면 욕을 해도 상관없습니다. 자신의 감정을 표현하는 데 효과적인 수단이 되니까요. 욕은 상대방이나 주변 사람들에게만 하지 않으면 됩니다. 그들에게 상처가 되기 때문입니다.

다만, 글로 감정을 해소하는 작업을 할 때는 반드시 지켜야 하는 것이 있습니다. 화장실에서 대변을 본 다음 반드시 해야 하는 것이 무엇일까요? 바로 밸브를 눌러 변을 버리는 겁니다. 글로 쓸 때도 마찬가지입니다. 글로 감정을 해소한 후, 기록으로 남기지 말고 삭제하거나 쓰레기통에 찢어서 버리기 바랍니다. 만약 버리지 않으면, 다시 볼 때 기분이 더러워질 수 있습니다. '어머. 내가 죽여 버리겠다는 끔찍한 생각을 했어?' '어머. 저런 욕을 했다니.' 오히려 마음이 불편해질 수 있고, 상처받았을 때의 기억이 다시 떠올라 마음이 상할 수도 있습니다. 그러니 돌아보지 말고, 남기지 말고 시원하게 버리십시오.

몸을 통해서도 감정을 밖으로 꺼내놓을 수 있습니다. 춤을 출 때 그냥 춘다면 주의를 다른 곳으로 돌리는 주의분산적 방법이지만, 상처받은 감정에 집중해서 그 감정을 따라가며 밖으로 꺼내듯이 춘다면 충분히 감정 해소의 효과가 있습니다. 막춤이나 살풀이춤이 되겠지요. 운동도 마찬가지입니다. 운동할 때 상처받은 감정에 주의를 집중해서 그 감정을 운동을 통해 몸 밖으로 꺼내놓듯이 한다면 감정이 해소될 수 있습니다. 감정 해소에 가장 효과적일 수 있는 운동은 권투나 검도 등입니다. 상대가 앞에 있다고 생각하면서 그 상대에게 받은 상처와 감정에 집중해서 권투나 검도를 하면 마음이 시원해집니다.

여기서 주의해야 할 것이 있습니다. 감정이 해소되는 시간은 사람마다 다르며, 언제 만들어진 감정이냐에 따라 다르며, 감정 경험의 성격에 따라서도 다르다는 것입니다. 만들어진 지 얼마 되지 않은 변이라면 쉽게 시원하게 볼 수 있지만, 오랫동안 장에 머물러 있었던 변이라면 변을 보는 데 어려움이 있고 시간이 오래 걸립니다. 즉, 감정이 해소되는 시간은 누가 정해주는 것이 아니라는 겁니다. 주관적으로 자신이 느끼기에 시원해질 때까지가 정답입니다.

세 번째 필수조건은 바로 그 감정에 주의를 집중해서 끝까지 따라가는 것입니다. 상처받은 감정에 주의를 계속 두면서, 감정 단어를 명명하면서 말, 글, 몸을 통해 밖으로 꺼내어 놓으십시오. "화나, 화나. 화나"라고 계속 소리를 내어 밖으로 꺼내놓다 보면, 어느새 화가 가라앉는 것을 느낍니다. 그래도 계속 감정을 쫓아가세요. 미안함 등의 다른 감정이 올라온다면, 그 또한 꺼내세요. 이 과정을 계속하다 보면 감정이 더는 느껴지지 않을 때가 있습니다. 감정이 변화하는 과정을 끝까지 따라가면서 더 이상 아무것도 느껴지지 않고 시원해질 때까지 계속하세요.

어떤 분들은 감정을 해소하는 작업을 하다가 갑자기 일이 생겨서 멈춰야 할 때는 어떻게 하냐고 질문하십니다. 답은 간단합니다. 변을 놓다가 멈추고 다른 일을 해야 했다면, 어떻게 하면 될까요? 다시 상황이 되면, 변기에 앉아 또 남은 변을 놓으면 됩니다. 감정도 그렇습니다. 감정을 해소하다가 멈

쳤다면, 다시 안전한 상황이 됐을 때 남아 있는 그 불쾌한 감정에 주의를 집중하십시오. 그러고 나서 그 감정을 똑같은 방식으로 꺼내면서 따라가면 됩니다.

종합해 보면, 감정을 해소하는 방식은 감정을 전달하는 방식과는 다른 별개의 표현 방식이 필요합니다. 상처받은 감정을 안전하게 해소하기 위해서는 안전한 대상이나 안전한 상황, 또는 안전한 방식이라는 사전조건이 필요합니다. 사전조건이 충족됐다면, 감정 해소를 위한 필수조건 세 가지가 모두 충족돼야 합니다. 첫째, 감정 단어를 명명하세요. 둘째, 감정 단어를 말, 글, 몸을 통해 밖으로 꺼내야 합니다. 셋째, 감정에 주의를 집중하며 끝까지 따라가야 합니다. 이 세 가지를 모두 충족시켰을 때 감정은 효과적으로 해소됩니다.

관계는 행복과 불행의 뿌리다

사람은 사회적 동물이며, 기본적으로 누군가와 관계를 맺고자 하는 욕구가 있습니다. 우리는 일생 동안 부모, 형제자매, 친구, 선생님, 선후배, 직장동료, 상사 등과 관계를 맺으면서 성장합니다. 사람들을 통해 지지와 위안을 받으며 살아가고, 생을 마무리하는 순간에도 사람들과 함께하지요.

관계를 통해 다른 욕구를 충족시키기도 합니다. 여기에는 어딘가 소속되어 안정감을 얻고 싶은 욕구, 다른 사람들로부터 인정받고 싶은 욕구, 사랑받고 싶은 욕구 등이 있습니다. 세상을 살아가는 힘이자 무기인 자존감도 인간관계를 통해 채워집니다. 특히 자존감은 생의 초기 관계인 부모로부터 받은 칭찬과 사랑으로 채워지는데, 이때 채워진 자존감은 부모 곁을 떠나 학교생활이나 직장생활, 그리고 결혼생활 등의 새로운 환경에서 스스로 어려움을 헤쳐나가며 살아갈 수 있도록 돕습니다.

그러나 인간관계는 여러 욕구와 자존감을 채워주는 동시에 상처를 주기도 합니다. 우리는 부모에게 상처받고, 친구에게 상처받고, 직장동료에게 상처받고, 이웃에게 상처받습니다. 그 상처가 너무나 쓰려서 누군가를 만나는 것 자체가 버겁게 느껴지고 '아무도 만나지 않을 거야' 하는 마음에 모든 관계로부터 거리를 두기도 합니다. 아무도 만나지 않는다면 상처받을 일이 없으니까 더는 아프지 않을 수 있겠지만, 동시에 관계로부터 얻을 수 있는 달콤함도 없습니다. 누군가를 만나 함께하는 행복과 즐거움, 관계로부터 얻는 소속감과 안정감을 비롯해 자존감을 채우는 인정 및 사랑의 욕구조차도 채울 수 없게 됩니다. 결국, 내 안과 내 곁에 아무것도 없는 듯한 허무함과 공허함에 휩싸일 뿐이죠.

제가 좋아하는 말이 있습니다. '얻는 것이 있으면 잃는 것이 있다'이지요. 세상살이는 그렇습니다. 무엇인가를 얻는다면 그로 인해 무언가는 잃어야 하는 법이지요. 관계는 감정을 느끼는 원천이자 상처를 주는 원천입니다. 다른 사람들과의 관계는 우리에게 기쁨과 행복 같은 유쾌한 감정을 주는 동시에, 때로는 화나 슬픔, 수치심, 불안 등의 불쾌한 감정을 느끼게 합니다. 그렇다고 관계를 버리기에는 관계에서 얻는 것이 너무 많고 중요합니다. 우리에게 필요한 것은 관계에서 받을 수밖에 없는 상처를 가능한 덜 받는 방법을 아는 것이고, 받은 상처의 아픔을 스스로 치유하고, 상처에서 벗어나 자유로워지는 방법을 익히는 것입니다.

가장 고통스러운 감정, 외로움

우리는 모두 어딘가에 소속되고자 합니다. 그렇지 못할 때 어디에도 정착하지 못해 붕붕 떠다니는 느낌을 느끼게 됩니다. 소속되지 못할 때 혼자가 된 것만 같은 외로움을 느끼지요. 외로움은 수많은 감정 가운데 가장 고통스러운 감정에 속합니다.

그런데 따돌림을 당해 느끼는 외로움은 그 어떤 감정보다도 굉장히 고통스럽습니다. 그래서 사람들은 따돌림을 당해 혼자가 될까 봐 두려워합니다. 제 딸아이는 다섯 살 때 놀이터에서 한 살 많은 언니가 다른 아이들에게는 과자를 주고 자신에게는 과자를 주지 않은 것에 서러워 통곡을 했습니다. 과자는 그리 대단한 것이 아니지만, 자신만 받지 못한 외로움은 굉장히 서럽고 고통스럽지요. 이러한 고통은 비단 어린아이만의 문제는 아닙니다. 초중고에서 아이들은 다른 또래 아이들에게 따돌려져서 자신만 혼자가 될까 봐 걱정하고 불안해합니다. 특히 여자아이들에게 따돌림의 공포는 매우 큽니다. 급식을 먹을 때 혼자 먹게 될까 봐, 수학여행을 가는데 혼자 다니게 될까 봐 불안해하고 신경 쓰지요. 성인이 되어도 마찬가지입니다. 직장 내에서 혼자 식사를 하게 될까 봐 두렵고, 모임에서 혼자 덩그러니 있게 될까 봐 두렵습니다. 그래서 어떤 사람들은 모임을 가기 전에 미리 어울릴 수 있는 사람이 있는지 확인하거나 함께할 수 있는 사람을 확보하려고 사전작업을 하기도 합니다.

다른 사람을 따돌리는 사람은 따돌림당하는 고통과 그 외로움이 얼마나 아픈지 잘 알지 못합니다. 본인이 따돌림을 당해 봐야 그 고통이 얼마나 큰지 이해할 수 있지요. 감옥을 떠올려보면 외로움의 고통을 짐작할 수 있습니다. 죄를 지어 들어가는 감옥 안에서도 가장 큰 처벌은 독방에 혼자 가둬지는 것이니까요. 그만큼 혼자가 된다는 것, 다른 이와 섞이지 못한다는 것은 인간에게 그 무엇보다도 상처가 되고 고통스러운 일입니다.

따돌림을 당한 사람들은 따돌림의 상처와 외로움의 고통

을 언제 당할지 몰라 걱정하고 긴장합니다. 그래서 사람들 사이에 있을 때 외톨이가 되지 않으려고 무척 애를 쓰지요. 그리고 노력해도 당할 수밖에 없는 무력감에 답답해하기도 합니다. '아무것도 할 수 없어. 상황을 바꿀 수 없어.' 또한 다른 사람들이 자신을 존중하지 않고 함부로 대했다는 사실에 화가 납니다. 분명 화가 나지만 화를 마땅히 표현할 곳이 없습니다. 그러다 보니 자신에게 도리어 화를 냅니다. '내가 바보여서 이런 취급을 당하는 거야'라고 자책하고 스스로를 비난합니다.

따돌림을 당한 사람들은 관계를 쉽게 믿지 못합니다. 그 사람을 믿었는데, 나에게 호의적이라 생각했는데 어느 순간 돌아서서 상처를 주는 대상이 됐기 때문이지요. 그래서 인간관계에 대한 불신과 피해의식이 생깁니다. 자존감에도 상처를 받습니다. 다른 사람들이 무심코 하는 말이나 행동에도 '나에게 일부러 그러는 거야. 내가 싫어서 그러는 걸 거야'라며 지레짐작하곤 합니다. 따돌림의 상처로 인한 고통은 급기야 우울증과 불안장애, 자살 시도까지 이어지기도 합니다. 따돌림은 누군가를 죽일 수 있는 행위이고, 살아 있더라도 그 영혼을 죽일 수 있는 행위입니다.

그럼 왜 따돌릴까요? 그 이유는 무척 다양하겠지만, 사람들은 대부분 이렇게 얘기합니다. "그 사람과 있는 게 불편하니까"라고요. 이렇게 이야기하기도 합니다. "우리와 다른 것이 낯설고 불편해요. 일부러 못되게 군 게 아니에요." 사람들은 누군가가 자신과 다르면, 그가 어떤 행동을 할지 몰라서 긴장하게 됩니다. 긴장에는 에너지가 들어가고, 다름을 이해하려고 애쓰는 데에도 에너지가 들어갑니다. 그래서 불편한 거지요. 한마디로 자신과 달라서 불편한 겁니다. 불편하면 대개 그 대상을 피하지만, 자신을 불편하게 만든 대상에게 보복하기도 합니다. 이것이 바로 따돌림입니다.

이렇듯 다른 게 불편해서 따돌릴 수 있습니다. 여러분은 다름에 대해 어떻게 생각하세요? 부부는 서로가 다르다는 것에 매력을 느껴 결혼하지만, 살다 보면 그 다름 때문에 불편해지고 힘들어져서 다투게 됩니다. "여보. 또 치약 이렇게 짰어? 그렇게 하지 말라고 했잖아." "수건은 왜 이렇게 걸어? 내가 고치라고 했는데 왜 안 고쳐? 난 불편하고 싫어."

많은 경우가 자신과 다른 생각을 하는 사람에 대해 "그렇게 생각하는 것은 잘못됐어. 틀린 거야"라고 말합니다. 자신과 다르게 행동하는 것에 대해, "왜 그렇게 행동하지? 그건 잘못된 거야"라고 비판합니다. 그런데 사실 들여다보면 우리는 서로 비슷하면서도 다릅니다. 모두가 다른 존재입니다.

그런데 다르다는 것은 틀린 것이 아닙니다. 그저 다를 뿐이지요. 한번 나와 상대방의 다름을 인정해 보세요. '이렇게 다르구나. 그 사람은 그런 게 익숙하구나.' 물론 상대방의 말과 행동을 이해하려면 애써야 하니까 힘이 듭니다. 그러나 서로 다르다는 것을 인정하고 받아들여야 갈등이 해소되고 서로 조화롭게 어울릴 수 있다는 것을 기억했으면 합니다.

소속감을 느끼려면

외로움을 느끼지 않기 위해서는 어떻게 해야 할까요? 바로 소속감을 느끼면 됩니다. 소속감은 자신이 어떤 집단에 소속되어 있다는 느낌을 말합니다. 다른 사람과 정서적 애착이나 결속되어 있음을 느낄 때 친밀감이 느껴지고, 그 친밀감을 느낄 때 소속감이 느껴집니다.

소속감이 중요한 이유는 어딘가에 소속감을 느끼면 안정감이 생긴다는 데 있습니다. 사람은 안정감이 있어야 사회 안에서 자신의 능력을 마음껏 발휘할 수 있습니다. 유능감을 갖게 되지요. 자신의 목표를 자발적으로 세우고, 그 목표를 향해 자신의 능력을 발휘하고, 나아가 더 편안하고 행복한 생활을 영위할 수 있습니다. 학업 성적이 우수한 친구들이나 성취를 많이 한 친구들을 보면 지적 능력이나 다니는 학원 수보다도 안정감이 중요하게 작용하는 것을 어렵지 않게 알 수 있습니다. 안정감으로 인해 자신이 가지고 있는 에너지를 불필요하게 다른 곳에 뺏기지 않아 학업에 주의를 온전히 집중시켜서 자신의 능력을 발휘할 수 있게 되는 겁니다.

그러면 어떻게 해야 소속감을 느낄 수 있을까요? 우선 여러분이 소속되고자 하는 조직 안에 단 한 명이라도 친한 사람을 만들어 보세요. 어느 조직인지는 상관없습니다. 직장을 옮겼다면 그 직장 안에서 한 명을, 부서를 옮겼다면 그 부서 안에서 한 명을 먼저 사귀어 친밀한 감정을 느끼도록 노력하는 것입니다. 그러면 그 조직에서 소속감과 안정감을 느낄 수 있습니다. 나아가 그곳에서 능력을 발휘할 수 있게 되지요. 이것이 바로 그 공간과 조직에 적응할 수 있는 지름길입니다.

관계를 위협하는 감정, 시기심

살다 보면 한 번쯤은 질투나 시기심 때문에 좋아하던 친구나 동료와 소원해지기도 하고 관계가 단절되기도 합니다. 질투는 자신보다 잘나거나 뛰어난 사람을 시기하고 미워하는 것입니다. 질투나 시기심을 느낄 수 있는 상황은 다음과 같습니다. 나보다 뛰어나고 잘난 사람을 대할 때, 내가 가지고 싶은데 갖지 못한 것을 가진 사람을 볼 때, 내가 좋아하는 사람이 다른 사람을 더 좋아할 때 느끼게 되지요.

시기심이 무서워

그럼 질투나 시기심은 부러움과는 어떻게 다를까요? 질투나 시기심, 그리고 부러움은 모두 자신보다 잘나거나 뛰어난 사람을 대할 때 느끼는 감정입니다. 그러나 질투나 시기심은 부러움과 달리, 그 감정을 느끼는 대상에게 해를 입히고자 하는 동기를 갖습니다. 해를 입히거나 가진 것을 빼앗음으로써, 자신보다 우월한 점을 없애거나 깎아내리려 한다는 것이지요. 부러움과 비슷하면서도 이 점에서는 굉장히 다르고 위험하기까지 한 감정입니다. 반면, 부러움은 그대로 인정하는 마음입니다. 그 사람에 대해 '참 잘났다', '부럽다'라고 인정하고, 나아가 칭찬을 할 수도 있습니다. 잘되기를 바랄 수도 있지요.

그렇다면 어떤 사람에게 질투나 시기심을 느끼고, 어떤 사람에게 부러움을 느낄까요? 질투나 시기심은 소위 만만하게 느껴지는 사람, 어느 정도 자신과 비교될 수 있는 대상에게 갖는 감정입니다. 자신과 어느 정도 비슷한 사람에게 느끼지요. 예를 들면, 성적에 관해서는 등수가 비슷한 친구에게 질투를 느낍니다. 반면, 부러움은 비교될 수 없는 대상에게 갖는 감정입니다. 성적에 있어서 매번 전교 1등을 하는 친구에게는 질투가 아니라 부러움을 느끼지요. 미모에 있어서 도저히 따라갈 수 없는 김태희와 전지현에게 질투를 느끼기는 어렵습니다. 그저 '아, 부럽다'라는 마음이 들 뿐이지요.

시기심은 열등감에서 비롯된다

그럼 왜 시기심을 느끼게 될까요? 우리 안에는 사람마다 영역도 다르고 정도도 다르지만, 어느 정도의 열등감이 있습니다. 그 열등감이 시기심을 만들어냅니다. 열등감은 다른 사람에 비해 자신이 뒤떨어지거나 부족하다고 생각하는 마음입니다.

이 세상에 완벽한 사람은 없습니다. 모두 부족하고 불완전한 면이 있지요. 문제는 그 부족한 면을 신경 쓰다 보면, 그 점이 열등감으로 자리 잡게 된다는 것입니다. '난 부족해.' '난 못생겼어.' '난 키가 작아.'

사람은 열등감이 생기면 다양한 방식을 통해, 열등감이 느껴지는 상황을 바꾸려 합니다. 열등감이 느껴지는 상태는 고통스럽고 싫으니까요. 그래서 말을 더듬던 사람이 말을 더듬지 않기 위해 노력하다가 위대한 웅변가가 되기도 하고, 체력이 약했던 선수가 체력을 다지려고 수영을 시작했다가 세계적인 수영 선수가 되기도 합니다. 박태환 선수가 대표적인 예지요. 이처럼 사람들은 열등감을 긍정적으로 승화시키기도 하지만, 어떤 사람들은 자신을 비하하거나 남을 괴롭히는 등 좋지 않은 방향으로 빠지기도 합니다. 이 두 가지 길의 차이는 열등감을 대하는 태도에 달려있습니다.

즉, 열등감 자체가 문제가 아니라, 열등감을 느낄 때 취하는 태도가 중요한 겁니다. 어떤 사람은 자신의 부족한 부분만 계속 탓합니다. '나는 잘하는 게 없어.' '나는 이것밖에 안 돼.' 이런 사람을 대하면 처음에는 안타깝지만, 옆에서 계속 이렇게 자신을 비하하는 부정적 태도에 불편한 감정을 느끼게 됩니다. 또, 이 사람에게 조언을 해주고 싶어도, 아무리 좋은 이야기를 하고 격려를 해도 달라지지 않는 태도에 무력해집니다.

어떤 사람은 다른 사람들보다 우월해 보이려고 남을 업신여기거나 자신의 잘난 부분을 과시하기도 합니다. 남을 이용해서 자신을 돋보이게 하고, 자기가 잘났다는 것을 증명해 보이려 합니다. 열등감을 느끼는 비교 대상을 교묘하게 또는 적극적으로 괴롭히거나 못살게 굴어서 자신이 그 사람보다 더 나은 위치에 있다는 느낌을 받으려 애쓰기도 합니다. 주변에서 무슨 말만 하면 비꼬아서 얘기하는 사람이 있지요? 그 사람의 마음 안에는 이러한 열등감과 시기심이 꿈틀거리며 영향을 미치고 있을지 모릅니다.

시기심을 유발하지 않으려면

여러분이 누군가에게 시기심을 유발했다면, 그 사람의 마음 안에는 여러분을 깎아내리고 해하려는 동기가 발생할 수 있습니다. 따라서 다른 사람에게 시기심을 유발하지 않도록 주의하는 것이 필요합니다.

그럼 어떻게 관계에서 시기심을 유발하지 않을 수 있을까요? 질투나 시기심은 열등감에서 비롯되는 것이므로, 그 사람의 열등감을 채워주면 시기심은 생겨나지 않습니다. 질투나 시기심을 자주 느끼는 사람을 옆에서 보면, 사실 다른 사람들보다 잘나고 뛰어난 사람들이 많습니다. 그래서 쉽게 이해가 가지 않지요. 저렇게 똑똑하고 잘난 사람들이 왜 열등감을 갖는지 말입니다. 그런데 객관적으로 잘났다는 것은 열등감의 척도가 되지 않습니다. 아무리 잘났어도 어느 하나에 꽂혀서 거기에 영향을 받는 경우가 많지요. 우수한 성적과 뛰어난 능력으로 일류대학을 나와 승승장구하며 사회적으로 높은 명예와 지위를 가졌지만, 과거 어려웠던 가정형편에 걸려 열등감을 느끼기도 합니다. 사회적으로 성공하여 많은 업적을 남겼지만, 학벌에 걸려 열등감에 반응하는 사람도 있습니다. 그런 사람들을 볼 때면 안타까움을 자주 느낍니다. 이렇게 잘난 사람들이 왜 거기에 매여서 열등감을 느끼는지 말입니다. 이런 경우 그 사람이 꽂혀 있는 부분을 칭찬하고 채워주는 것이 효과적입니다. 꼭 그 영역이 아니더라도 상대방을 칭찬해서 열등감을 채워주세요.

두 번째 방법은 시기심을 느끼지 않도록 여러분의 부족한 면을 보여주는 겁니다. 자신의 부족한 점을 적절한 수준에서 드러내는 건 상대가 시기심을 갖지 않도록 하는 데 도움이 되지요. 이에 대해 어떤 분은 “무슨 그런 얘기를 해요?”라며 난감해 하거나 불편해 하시기도 합니다. 그런데 사실 부족한 면을 드러내지 않으면, 사람들은 그 사람을 그의 이미지나 두드러진 정보를 바탕으로 판단합니다. 그리고 그에게는 부족한 면이 없을 것이라 단정 지어 버립니다. ‘저렇게 똑똑하고 잘난 걸 보니, 부족한 점이 없을 거야’, ‘저 사람은 다 가졌네. 저런 사람이 뭐가 부족한 게 있겠어. 늘 행복하겠지’, ‘저 사람은 정말 냉철하게 일을 잘 처리하는구나. 너무 냉정할 것 같아’라고 생각해 버리지요. 그러니 여러분의 부족한 점을 일부러 이야기하거나 보여주세요. 다만, 드러낼 수 있는 범위의 단점이나 부족한 점만 얘기하는 것이 좋습니다. 굳이 드러낼 필요가 없는 것들을 이야기할 필요는 없습니다.

고민이나 어려운 점을 털어놓는 것도 친밀감과 우호적인 관계를 형성하는 데 효과적입니다. 상대방은 ‘그렇게 안 보이는 데 고민이 있네’라고 인간적으로 느낄 수 있고, ‘그런 얘기를 털어놓을 만큼 나를 신뢰하고, 내게 조언을 구할 만큼 나를 인정하는구나’라고 생각할 수 있습니다. 또한, 사람은 기본적으로 자신에게 고민을 털어놓는 사람을 도와주고 해결해주고자 하는 성향이 있어, 여러분에게 우호적인 태도를 보이게 됩니다.

우리는 모두 부족하고 불완전합니다. 그것을 있는 그대로 수용하십시오. 자신이 잘하는 게 무엇인지 발견하고, 더 나아지려고 노력하는 자세가 필요합니다. 여기에서 중요한 것이 바로 비교입니다. 쉽게 기분이 나빠지고 불행해지는 방법은 간단합니다. 비교하면 됩니다. 남과 나를 비교하고, 과거의 나와 지금의 나를 비교하고, 그 무엇인가에 자신을 비교하는 것은 스스로를 불쾌하고 불행하게 만들지요.

또한 다른 사람과의 비교는 그 사람과의 인간관계를 위험에 빠지게 합니다. 상대 입장에서는 누군가가 자신과 비교를 하면 불편하고 안전하지 않다는 생각이 듭니다. '나에게 시기심과 질투를 느끼는 거 아닐까?', '그래서 나에게 부정적인 동기를 갖는 것 아냐?'라는 다소 불편한 생각이 들 수 있지요.

여러분이 지금은 그 사람과 경쟁하고 있는 것 같지만, 끝까지 같은 길에서 달리는 사람은 아무도 없습니다. 누구나 자신만의 삶을 살 뿐입니다. 자신만의 길을 갈 뿐이지요. 그러니 다른 사람과 비교하는 것은 어리석은 일입니다. 불쾌한 감정을 만들어내고, 곁에 있던 친구나 동료를 잃게 만들지요. 그러니 더 이상 비교하지 마세요. 비교하는 순간 불행이 시작됩니다.

유쾌한 감정이 시기심을 불러일으킬 수 있다

우리는 화, 불안, 슬픔 등의 불쾌한 감정을 심리적 건강과 성취를 위해 안전하게 해소해야 한다는 것을 알았습니다. 그렇지 않으면 귀신이 되고 똥이 되어, 우리에게 해로운 영향을 미치고 고통을 유발하니까요. 그렇다면 기쁨, 즐거움, 행복과 같은 유쾌한 감정은 어떨까요? 유쾌한 감정이든 불쾌한 감정이든 모든 감정은 우리에게 필요한 정보를 주어 처한 상황에서 적절히 행동하고 대처하도록 함으로써 생존과 적응을 돕습니다. 또한 유쾌한 감정이든 불쾌한 감정이든 둘 다 일단 발생하면 느끼고 표현되어 해소되기를 원하지요. "나 화나", "나 슬퍼", "나 행복해"와 같이요.

그런데 유쾌한 감정과 불쾌한 감정의 차이는 그 감정을 조절하는 상황에 있습니다. 화, 불안, 슬픔 등 불쾌한 감정은 그 감정의 종류가 무엇이든 처한 상황이 어떠하든 상관없이 아픔과 고통을 유발합니다. 강의 중이든 친구들과 이야기하는 상황이든 그 감정 자체는 아프고 고통스럽습니다. 그러니 우리는 불쾌한 감정을 어떻게든 감소시키고 해소해서 느끼지 않으려 하지요.

반면, 기쁨, 즐거움, 행복 등의 유쾌한 감정은 느끼는 것이 좋기에 더 느끼고자 합니다. 그런데 문제는 아무 때나 기쁘다고 기뻐할 수 있는 것은 아니라는 겁니다.

세영 씨는 이번에 중학생인 아들의 성적이 잘 나와서 정말 기분이 좋습니다. 그래서 친한 학부모인 영웅이 엄마에게 기뻐하며 자랑을 늘어놓았습니다. 그러나 영웅이 엄마는 세영 씨와 이야기를 나누고 나서 기분이 무척 안 좋아졌습니다.

영웅이 엄마는 왜 기분이 나빠졌을까요? 바로 영웅이가 성적이 잘 안 나와서 속상해하던 차였기 때문이지요. 그래서 영웅이 엄마는 세영 씨에게 자꾸만 화가 나고 기분이 나빴습니다. 시기심이 올라온 겁니다.

세영 씨는 영웅이 엄마를 만난 사회적 상황에서 기쁨을 표현했다가 영웅이 엄마에게 불쾌함과 시기심을 유발했습니다. 사회적 상황에 있을 때는 그 상황이 어떠한 상황인지 파악해서 유쾌한 감정을 그대로 느낄 것인지 말 것인지 판단할 필요가 있습니다. 유쾌한 감정의 표현은 자칫 누군가로부터 시기심을 유발할 수 있기 때문입니다. 우리 모두 즐겁고 행복하고 싶으니까요. 나도 즐겁고 행복하고 싶기 때문에, 누군가가 즐겁고 행복해하면 약간의 질투나 시기심이 느껴질 수 있습니다. 특히, 내가 갖고 싶은 것을 가져서 즐거워하고 있다면 질투나 시기심이 더 크게 느껴지겠지요.

행복은 느낄수록 배가 된다

사회적 상황에서 유쾌한 감정을 항상 느끼지 말라는 것은 결코 아닙니다. 관심사가 유사하여 비교될 수 있는 대상이 있는 경우에는 질투나 시기심을 불러일으킬 수 있기 때문에 이를 주의해야 한다는 것입니다. 영웅이 엄마와 같이 비슷한 나이 또래의 아이가 있고 비교될 수 있는 상황에선, 세영씨는 유쾌한 감정의 표현을 조심할 필요가 있었습니다. 영웅이 엄마의 마음에 질투나 시기심이 일어나 갈등이 발생할 수 있으니까요. 만약 그렇지 않은 상황이라면, 마음껏 기뻐하세요. 내가 행복해하면, 옆에 있는 사람도 행복해지니까요. 즐거운 감정이 전이됩니다.

유쾌한 감정과 불쾌한 감정의 표현에는 어떤 차이가 있을까요? 불쾌한 감정은 감정 단어를 반복해서 말, 글, 몸으로 표현하면 해소되어 감소합니다. 그렇다면 유쾌한 감정 또한 그럴까요? 놀랍게도 불쾌한 감정은 감정 단어를 반복하여 표현하면 감소하지만, 유쾌한 감정은 감정 단어를 반복하여 표현하면 오히려 증가합니다. "외로워", "외로워"를 계속하면 외로움은 사라지고, "미안해", "미안해"를 계속하면 미안함이 가라앉습니다. 반면, "기뻐", "기뻐" 하면 기쁨이 증가하고, "행복해", "행복해" 하면 행복이 증가하며, "사랑해", "사랑해" 하면 사랑이 증가합니다. 그러니 기쁘면 기쁘다고 계속 얘기해 보세요. 행복하다면 행복하다고 계속 얘기해 보세요. 기쁨은 배가 되고, 행복도 배가 되고, 그 기쁨과 행복은 나만의 것이 아니라 다른 사람에게도 나누어집니다.

Chapter 3

우리는 늘 같은 문제로 싸운다

대화가 갈등으로 번지는 세 가지 이유

자녀와 이야기를 해 보려 했지만, 오히려 서로 더 감정이 상해서 대화를 지속하는 게 어려웠던 적이 있지 않나요? 남편이나 아내와 진심을 이야기하려 했지만, 오히려 화나 서운함이 올라와서 싸우게 된 적이 있지 않습니까? 그때 여러분은 어떤 방식으로 대화를 했나요? 이처럼 우리는 잘해 보려고 대화를 하지만, 오히려 갈등을 부추기는 경우가 많습니다.

조언을 자꾸 한다

대화를 하다 보면 우리는 상대방을 위해 자신이 알고 있는 것을 알려주고 싶어 합니다. 뭔가 해결해줘야 한다는 부담감 때문입니다. "엄마, 불안해요", "저 힘들어요", "억울하고 화가 나요"와 같이 불편한 감정을 얘기하면, '이것을 어떻게 해결해주지?', '어떻게 조언해주면 좋을까?'를 생각하며 머리로 해결하는 방법을 찾습니다. 즉, 상대는 감정에 관해서 얘기하지만, 우리는 가슴으로 듣지 못하고 머리로 들으면서 뭔가 조언하고 해결해주려 합니다.

여자친구 : 김 대리는 정말 기분 나빠. 같이 밥 먹는데 내가 하는 얘기에 자꾸 태클을 거는 거야.

남자친구 : 그럼 김 대리랑 밥을 먹지 마.

여자친구 : 뭐야? 아. 진짜 짜증나.

아빠 : 너 표정이 왜 그래? 무슨 일 있어?

아들 : 곧 시험인데 불안해요.

아빠 : 그럼 빨리 들어가서 공부해!

주변에서 이런 식의 대화를 어렵지 않게 접하곤 합니다. 한번은 50대 후반의 남성분께서 아들과 오랫동안 대화가 단절됐던 이야기를 해주셨는데, 무척 가슴에 와 닿았던 적이 있습니다. "저는 하나뿐인 아들을 위해서 참 많은 얘기를 했어요. 다 아들 잘되라고 그런 건데, 언제부턴가 아들은 제게

등을 돌렸고 아예 말을 안 하더라고요. 그 시간이 굉장히 오래 갔습니다. 결국 얼마 전에야 깨달았어요. 아들의 얼굴이라도 보려면, 그리고 말이라도 몇 마디 나눠보려면, 제 입을 다물어야 한다는 것을요. 그랬더니 지금은 아들이 얼굴을 다시 보여주네요. 참, 힘드네요." 부모는 자식을 위해서 하는 말이지만, 그것이 자식에게는 경계를 침범하는 개입이 되어 불편함과 부담감, 화를 유발할 수 있습니다.

지적이나 비난을 한다

아내 : 내가 그런 말을 했더니, 그 사람이 나에게 화를 내는 거야. 아니, 어떻게 그럴 수 있어?

남편 : 당신이 잘못했네. 그러게 왜 그런 말을 해? 그러니까 기분 나빠서 화를 내지.

아내는 자신의 불쾌한 감정을 호소합니다. 공감 받기를 원하는 거지요. 그러나 남편에게서 돌아오는 것은 지적과 비난입니다. 아내는 남편의 반응에 화가 납니다. 그러나 남편 입장도 있습니다. 자신이라도 지적해줘서 고치게 해야, 다음에 그런 상처를 받지 않을 것이라 말합니다. "누가 이런 얘기를 해주겠어? 나라도 얘기해야지"라고요.

그러나 지적이나 비난은 분노를 유발합니다. 신체적 접촉을 하지 않더라도 우리는 자신의 심리적 경계에 무언가 침범해 들어올 때 분노를 느낍니다. 지적이나 비난은 결국 그 사람의 경계를 침범해 들어와 그 사람에 대해 말하는 것입니다. 그렇다고 지적이나 비난을 아예 하지 말라는 말은 아닙니다. 어떤 면에서는 누군가가 알려줄 필요가 있다는 말이 결코 틀린 말은 아니지요. 다만, 감정이 해소될 기회가 없이 먼저 지적이나 비난이 들어오는 것이 문제라는 겁니다. 너무 빨리, 그리고 먼저 지적이나 비난을 할 때는 화를 유발할 수 있다는 것을 기억하시길 바랍니다.

내 말만 한다

사람들은 모두 자기 이야기를 하고 싶어 합니다. 평소에 말이 없다고 알려진 분들도 사실 할 얘기는 많으나, 자기 이야기를 들어줄 만한 안전한 대상을 찾지 못했을 뿐일 겁니다. 이런 분들도 자기 이야기를 할 수 있는 안전한 대상을 찾거나 수용적인 사람을 만나면 금세 수다쟁이로 변합니다.

대화할 때 자신에 대한 말을 많이 하는 분들은 이렇게 항변합니다. "그 사람이 할 얘기가 없는 것 같아서 배려 차원에서 내 얘기를 열심히 한 거예요." "침묵하고 있으면 불편하잖아요. 그래서 나라도 침묵을 깨려고 열심히 내 얘기를 한 거지요." 어떤 분들은 "저는 상대의 이야기에 별 관심이 없어요. 이야기하고 싶으면 본인이 알아서 하겠지요"라고 말합니다. 그러나 상대의 입장은 다를 수 있습니다. "그 사람은 저에게 별로 관심이 없나 봐요. 서운해요", "저는 무슨 얘기를 해야 할지 모르겠어요. 그래서 대화하는 게 불편해요"라고 말할 수 있지요.

말을 많이 하는 사람을 좋아하는 사람들도 있지만, 기본적으로 사람들은 자기 이야기를 하고 싶어 하므로, 대화에서 자신에 대한 말을 별로 하지 않았다면 그 대화를 불만족스럽게 느낄 수 있습니다. 그런 경우, '그냥 그 사람 얘기만 들어주다 왔구나. 허전하다'는 생각이 듭니다. 시간과 에너지는 썼으나, 자신의 욕구가 채워지지 않은 상태라 불만족스럽습니다.

실제로 만남에 대한 평가는 만남 이후의 만족감에서 비롯됩니다. 상대에 대해서 그리고 상대와의 대화에 대해 호감이 들었다면, 대화 이후에 만족감이 느껴집니다. 그런데 만족이란 자신의 관심사나 욕구가 채워졌을 때 나타나는 것입니다. 만족감을 느낀다면 자신이 참여한 대화, 관계, 만남을 지속하고자 할 것이고, 만족스럽지 않다면 지속하고자 하지 않을 것입니다.

우리는 살아가면서 여러 사람들과 소소한 모임들을 갖습니다. 어떤 모임에는 더욱 애착을 갖고 모임이 지속되도록 노력하지만, 어떤 모임에는 나가고 싶어 하지 않기도 합니다. 만약 어떤 모임이 잘 지속되기를 바란다면, 그 모임에 참여하는 사람들이 만족감을 느낄 수 있게 해 보세요. 여기에는 여러 가지 통로가 있겠지만, 기본적으로 모임에 참여하는 사람들 개개인에게 자신의 이야기를 충분히 할 기회를 만들어주는 것이 효과적입니다. 자신의 이야기를 했을 때, 욕구가 충족되어 만족감을 느끼게 되고, 그 결과 그 모임이 지속되기를 바라며 노력을 하게 되니까요.

부모 교육의 핵심 : 자녀의 이야기를 잘 들어주세요.

영숙 씨는 고등학교 생활을 힘들어하는 딸아이와 대화를 시도해 봤지만, 딸은 좀처럼 자신의 이야기를 하지 않습니다. 무엇인가 도와주고 싶지만, 아무것도 해줄 수 없어 애만 태우던 영숙 씨는 하는 수 없이 부모 교육만 열심히 찾아다녔습니다. 여러 번의 부모 교육 수업 끝에 알게 된 양육의 핵심은 '자녀의 이야기를 잘 들어주라'는 것이었습니다. 영숙 씨는 이를 딸에게 직접 적용해 보기로 했습니다. 하루는 딸아이가 하교해서 방으로 들어갈 때 영숙 씨도 따라 들어갔습니다. 그리고 이렇게 이야기했습니다. "혜수야. 요새 많이 힘들지? 엄마가 들어줄게. 한번 얘기해 볼래?" 그러나 딸에게서 돌아온 반응은 예상 밖이었습니다. "엄마. 미친 거 아니야? 나가!"

많은 부모들이 자녀와 대화를 시도하지만, 돌아오는 건 "나가!" 같은 거절입니다. 이럴 때 어떻게 해야 할까요? 자녀는 정말 부모가 나가기를 원할까요? 얘기하고 싶지 않은 걸까요? 그렇지 않습니다. 자녀는 부모에게 이야기하고 싶을 겁니다. 그러나 부모에게 신뢰가 많이 떨어져 있어 부모를 믿을 수 없는 거지요. 그래서 신뢰 회복이 필요합니다.

영숙 씨는 그다음 날에 들어가서 또 "나가"라는 소리를 들었고, 그다음 날에도, 그다음 날에도 계속 나가라는 소리를 들으면서도 한결같이 들어가서 딸의 이야기를 듣고 싶다고 말했습니다. 그랬더니 변화가 일어나기 시작했지요. 딸 혜수의 마음에서 '뭐야. 쇼하는 것 아니었어? 시늉만 하는 것 아니었어?', '진짜 내 얘기를 들어줄 생각이 있는 거야?'라는 생각이 들기 시작한 겁니다. 혜수는 결국 어렵게 이야기를 꺼냈습니다. 영숙 씨의 바람이 이뤄졌습니다.

그런데 과연 엄마인 영숙 씨는 딸 혜수의 이야기를 끝까지 들을 수 있었을까요? 그럴 수 없었습니다. 혜수의 이야기를 듣고 있다 보면 속에서 자꾸만 화가 올라왔습니다. '우리 딸이 뭐가 못나서 그런 취급을 받아?' '이럴 땐 이렇게 하고 저럴 땐 저렇게 하면 됐을 텐데.' 속에서 열불이 나고 화가 치밀어 올라 그냥 듣고만 있을 수가 없었습니다. 영숙 씨는 자꾸 조언했습니다. "그러게. 그때 왜 그렇게 말을 했어?"와 같이 지적이나 비난도 하게 됐지요. 그리고 자꾸 말이 많아졌습니다. 앞에서 언급한 갈등을 부추기는 세 가지 대화를 모두 행한 것입니다.

몇 년 후, 딸 혜수는 힘든 고등학교 시절을 지나고 무사히 대학생이 됐습니다. 그러던 어느 날 혜수는 엄마 영숙 씨에게 이런 이야기를 했습니다. "엄마. 나 고등학교 때 되게 많이 힘들었잖아. 그런데 그때 엄마는 그냥 들어만 줘도 됐었어." 이 말을 들은 영숙 씨는 머리를 망치로 얻어맞은 것 같은 충격을 받았습니다. 그렇게 열심히 부모 교육을 찾아다니고, 그렇게 열심히 딸의 이야기를 들어주려 했는데, 왜 영숙 씨는 딸의 이야기를 들어줄 수 없었을까요?

기본적으로 부모는 자녀가 느끼는 감정을 더 크게 받아들이기 때문입니다. 엄마는 자녀가 힘들다고 하면 그 힘든 감정을 100점 만점에서 몇 점 정도로 느낄까요? 바로 100점 이상으로 느낍니다. 어떤 분들은 120점이나 200점, 심지어 1,000점이라고 대답하는 분들도 있습니다. 그렇기에 친구나 다른 사람들이 힘들다고 하면 어느 정도 들어줄 수 있지만, 내 자녀가 힘들다고 하면 100점 이상으로 느껴져서 굉장히 부담스럽습니다.

그래서 어떤 사람은 학교에 쫓아가기도 하고, 어떤 사람은 자녀와 갈등이 있는 아이에게 직접 전화해서 따지기도 합니다. 또는 직접 때리는 등 보복을 하기도 합니다. 그런데 이러한 모습을 보는 자녀의 마음은 어떨까요? 당황스럽고 오해받는 느낌이 듭니다. 힘드냐고 물어봐서 힘들다고 대답했을 뿐인데, 지나치게 반응하는 부모를 보면 무척 당황스럽습니다. 그래서 다음부터는 입을 꾹 다물어 버리게 되지요. 이렇게 부모와 자녀 사이에 대화의 단절이 시작됩니다.

이를 방지하기 위한 한 가지 팁을 알려드리겠습니다. 자녀가 힘들다고 하면, 그 정도를 구체적으로 물어보세요. "불안하구나. 100점 만점으로 했을 때 얼마나 불안하니?", "힘들구나. 100점 만점이라면 어느 정도 힘드니?"라고 물어보세요. 그런데, 자녀들은 대개 40점에서 50점이라고 대답하는 경우가 많습니다. 이 얘기를 들은 부모 또한 당황스럽기는 마찬가지입니다. 100점이라고 생각해서 온갖 걱정을 하고 방법들을 모색했는데, 40점에서 50점이라면 어느 정도 감당할 수 있다고 생각되기 때문이지요.

자녀와 대화할 때 반드시 기억하시길 바랍니다. 여러분은 자녀의 이야기를 들어주는 것만으로도 충분하다는 것을요. 허벅지를 꼬집으면서 곧바로 조언하고 싶고, 해결해주고 싶은 마음을 눌러보세요. 자녀의 이야기를 먼저 충분히 들어주려고 노력해 보시기 바랍니다.

해결과 해소는 다르다

대화를 하는 상대방이 불편한 감정 상태에 있거나 이를 표현할 때, 우리는 그들의 문제나 상황을 해결해주기가 어려워 답답한 경우를 자주 맞닥뜨립니다. 그럴 때면 해결할 수 없으니, 아무것도 해줄 수 없겠다는 생각이 들지요. 흔히 이런 이야기를 자주 합니다. "말을 해서 달라지는 것도 없는데, 뭐하러 이야기해?" "해결할 수 없는 일인데, 내가 무엇을 할 수 있겠어?" "그런다고 해결이 돼?" 우리 자신에게도 마찬가지입니다. 문제나 상황을 해결할 수 없기에 우리가 받은 상처나 그 불쾌한 감정에 대해 아무것도 해줄 수 없다고 인식합니다. 그런데 과연 그럴까요?

감정은 해소를, 문제나 상황은 해결을

여러분. 감정은 해결할 수 있을까요? 아니요. 감정은 결코 해결할 수 없습니다. 감정은 오직 해소만 가능합니다. 해결은 문제나 상황에 하는 것입니다. 이 두 가지는 별개로 이루어져야 합니다. 문제나 상황에 대해서는 해결하는 노력을 해야 하고, 발생한 상처받은 감정에 대해서는 해소하는 노력을 해야 합니다.

여기에서 알 수 있는 것은 문제나 상황이 해결되지 않더라도 감정을 해소할 수 있다는 것입니다. 비록 성적을 올려주지 못하더라도, 여자친구를 만들어주지 못하더라도, 취직을 시켜주지 못하더라도, 승진을 시켜주지 못하더라도, 이미 발생한 상처받은 아픔 그 화나고 억울하고 슬픈 감정을 해소하도록 도와줄 수는 있습니다. 반대로 감정을 해소한다고 할지라도 문제나 상황을 해결하려는 노력을 하지 않는다면, 감정은 재발할 수 있습니다. 즉 공부를 열심히 하지 않는다면 시험 성적 때문에 계속 불안할 것이며, 여자친구를 만들지 않는다면 또 여자친구가 없는 상태를 지각하며 외로워할 것입니다. 그러니 문제나 상황에 대해서는 할 수 있는 한 해결하려는 노력을 취하십시오.

언제나 지켜야 할 원칙 : 선해소 후해결

해소와 해결의 관계에서 정말 중요한 원칙이 있습니다. 그것은 바로 '선해소 후해결'입니다. 먼저 감정을 해소한 뒤에, 문제나 상황을 해결하십시오. 감정은 생존을 위해 만들어진 장치라서, 우리 몸은 감정이 고양되면 위기 상황이라고 지각합니다. 그래서 사고를 담당하는 뇌의 전두엽 부분이 일시적으로 억제되어, 몸이 감정에 우선적으로 반응하게 되지요. 즉 열 받아 있을 때 조언이나 해결에 대한 이야기를 하면, 오히려 화만 나고 대화가 되지 않습니다. 콜센터에 항의 전화를 하는 고객 중에는 몹시 화가 나 있는 분들이 있습니다. 콜센터 직원 입장에서는 굉장히 억울한 일이고, 빨리 상황을 정확히 이야기해서 납득시켜 해결하고 싶습니다. 그러나 그럴수록 돌아오는 것은 더욱 고양된 목소리일 뿐이지요. 이처럼 일을 하다 보면 빨리 가려다가 오히려 갈등이 더욱 커지고 수습 또한 어려워지는 경우들이 많이 있습니다.

이때 필요한 것은 상대의 불쾌한 감정이 해소될 때까지 기다려주는 것입니다. 물론 상처를 받을 수 있으니 잠시 전화기를 귀에서 멀리 떼어 놓는 것이 필요하기도 합니다. "고객님. 화가 많이 나셨네요. 죄송합니다"하고 전화기를 귀에서 떼면 저 너머에서 화가 나서 퍼붓는 고양된 목소리가 들리곤 합니다. 중간중간 감정을 짚어주다 보면, 어느 순간 화가 잦아들게 됩니다. 그럴 때 상대방은 여유가 생기게 되고 "그래요. 그럼 뭐가 어떻게 된 건가요?"라며 자초지종을 들을 준비가 되지요. 해결하고 싶은 마음이 드는 겁니다.

친구나 직장동료, 가족 모두 마찬가지입니다. 상처받아서 화나고 감정이 고양되어 있을 때, 해결을 위한 대화를 시도해봤자 소용이 없습니다. 들리지 않으니까요. 생각이 돌아가지 않으니까요. 그저 불쾌한 감정에 온 주의가 빼앗겨 흥분돼 있을 뿐입니다. 그럴 때는 먼저 감정을 해소할 기회를 주십시오. 그래야 감정이 해소되면서 사고가 활발하게 움직일 수 있습니다. 그러고 나면 "상황이 어떻게 된 건가요?", "아빠. 그럼 이제 저 어떻게 하면 좋을까요?", "여보. 나 어떻게 해결하지?"와 같이 해결을 위한 조언을 스스로 구하게 됩니다.

갈등 상황에서 타협할 때도 마찬가지입니다. '선해소 후타협'입니다. '이걸 해주는 게 뭐가 어렵다고 저렇게 안 해주고 버티는 거지?'라는 의문이 들 수 있습니다. 그건 바로 마음에 무언가가 걸려 있기 때문입니다. 걸려 있는 그 불쾌한 감정을 덜어내야, 상대와 타협하고 싶은 마음이 생깁니다. 그제야 상대의 요구를 들어주고 싶은 마음이 생기지요.

'선해소 후대화'입니다. 대화하려 하지만, 상대방은 말도 하고 싶어 하지 않습니다. 먼저 걸려 있는 감정을 해소해야, 대화를 주고받는 것이 가능해지지요.

'선해소 후생각'입니다. 아무리 멋진 생각을 알려주더라도 혹은 알고 있더라도, 감정이 불쾌한 상태로 있으면 그 생각을 받아들이고 싶지 않습니다. 먼저 감정을 해소하고 나면, 여유가 생겨 대안들이 활발하게 떠오르고 이를 쉽게 받아들일 수 있게 됩니다.

때로는 감정도 삼켜야 한다

텔레비전에 가끔 힘든 사연의 주인공이 나올 때가 있습니다. "전 너무 참고 살아왔어요. 암에도 걸리고 너무 억울해요." 그럴 때면 여러 전문가들이 안타까워하면서, 힘들게 살았으니 앞으로는 감정을 표현하며 살라는 조언을 하곤 합니다. 그러나 이 말은 굉장히 위험한 결과를 가져올 수 있는 무책임한 말입니다. 그것은 왜일까요? 감정 해소를 위한 표현과 감정 전달을 위한 표현은 완전히 별개인데, 이 두 가지가 혼동되기 쉽기 때문입니다. 그런데 그전에 먼저 짚고 가야 할 점이 있습니다.

감정을 그대로 표현하는 게 항상 좋은 건 아니라는 것입니다. 만약 감정을 표현하는 것이 주변을 불편하게 하지 않는다면, 그 감정은 그대로 느끼고 표현하는 게 좋습니다. 그것이 건강한 겁니다. 그렇지 않으면 감정은 귀신이 되고 똥이 됩니다. 속상하면 속상해하고, 슬퍼하면 슬퍼하세요. 그런데 문제는 감정을 그대로 표현하는 게 괜찮지 않은 상황이 너무나 많다는 겁니다. 이런 자리에서도 감정을 있는 그대로 표현하면 어떤 일이 벌어질까요?

효린이는 주변 사람들에게 활달하고 시원시원하다는 얘기를 자주 듣습니다. 그런데 효린이는 못마땅한 일이 있으면, 상대방이나 주변 사람들에게 바로 표현하고 화를 냅니다. "유리야. 너 그렇게 하면 안 되는 거야. 기분 나쁘잖아. 아, 짜증나게. 진짜."

효린이는 유리에게 기분 나쁘다고 표현한 다음, 아무 일도 없었다는 듯이 다시 활발하게 어울립니다. 효린이는 표현해서 마음이 시원합니다. 그런데 친구들은 어떨까요? 유리 입장에서는 효린이가 자신에게 한 말이 귓가에 맴돌아 불편하고 서운하고 화가 나는 등 감정의 찌꺼기들이 올라옵니다. 다른 친구들도 효린이가 언제 갑자기 짜증이나 화를 낼지 몰라, 잔뜩 긴장되고 불안합니다.

그런데 효린이는 평소에 이런 말을 잘합니다. "나는 그래도 쿨하잖아. 뒤끝은 없다고." 모든 감정을 있는 대로 그때마다 다 표현하니 본인은 뒤끝이 없겠지요. 그러나 주변 사람들은 기분이 좋지 않습니다. 효린이가 내지른 감정이 불편하고 위에서 언급한 여러 후유증을 겪습니다.

이는 감정 해소를 위한 표현과 감정 전달을 위한 표현이 서로 다르기 때문입니다. 감정 해소를 위한 표현은 안전한 대상이나 안전한 상황 혹은 안전한 방식으로 해야 하고, 감정 해소의 필수조건 세 가지를 지켜야 합니다. 이때 감정은 날것의 모습 그대로 나가지요. 그런데 감정 전달을 위한 표현은 상대방이나 주변 사람들을 대상으로 하므로 감정 전달 대화법의 규칙을 지키면서 굉장히 정돈해서 사용해야 합니다. 그렇지 않으면 다른 사람에게 상처를 줄 수 있습니다.

감정 해소를 위한 표현과 감정 전달을 위한 표현이 같아도 괜찮은 경우도 있습니다. 상대방이 안전한 대상일 때입니다. 물론 그렇다 하더라도 여러분의 이야기를 듣는 대상은 힘들 수 있지요. 아내나 남편, 여자친구나 남자친구, 성숙한 선배나 어른 등이 안전한 대상이 되어 여러분의 감정 해소 표현을 받아줄 수 있습니다. 이 경우 상대방에게 얼마나 화나고 속상했는지 감정 해소 표현으로 전달하더라도 안전할 수 있습니다. 본인이 상처받을 수 있는 위험을 감수하며 여러분을 위해 불편한 마음을 담아내고 받아주는 것이지요. 그런 사람이 곁에 있다면 여러분은 정말 복 받은 것입니다.

짜증이나 화를 내는 대화는 공격이고 상처이다

많은 분들이 직장과 일터에서 치열한 경쟁에 휩싸여 일하다 집으로 돌아오면 마음이 풀어지면서 아내, 남편 또는 자식들에게 짜증이나 신경질을 내곤 합니다. '믿으니까', '편하니까'라면서 사소한 것에 트집을 잡고 화를 내지요. 그럴 때마다 "너무 시원한 걸 어떻게 해요? 참다가는 병날 것 같아요"라고 말합니다.

부모인 자신이 자식을 엄하게 키우지 않으면 아이들이 잘못될까 봐 두려워, 아이들의 사소한 잘못에도 야단을 치고 지적하며 화내는 경우도 있습니다. 그리고 이렇게 항변합니다. "다정하게 얘기해서는 말을 듣지 않아요. 이렇게 하는 게 왜 잘못인가요?"

이들은 자신의 대화방식이 상대에게 상처를 줄 수 있다는 것을 전혀 알지 못합니다. 짜증이나 화, 신경질은 받는 사람 입장에서는 공격일 수 있습니다. 짜증이나 신경질을 들었을 때 기분이 어떤가요? 어떤 생각이 스쳐 지나가나요? 일단 기분이 나쁩니다. 상대가 나를 함부로 대하는 것 같고, 나를 존중하지 않은 것 같아서 화가 나지요. 또한 짜증이나 화, 신경질은 공격적인 표정과 몸짓을 동반하고, 비난의 메시지를 담고 있습니다. 그래서 아이 입장에서는 이렇게 말할 수 있습니다. "부모라면 저를 보호해야 하는 것 아닌가요? 어떻게 저를 그렇게 비난하고 함부로 대할 수 있어요?" 이런 생각 때문에 상처가 되고 화가 납니다.

배우자 입장에서는 이렇게 하소연합니다. "남편(아내)이 직장에서 스트레스받은 걸 집에 와서 짜증으로 푸는 건 이해가 가요. 집이 아무래도 편하니까요. 그런데 나를 함부로 대하는 것 같아서 화가 나고 정말 힘들어요."

한번은 50대, 60대 여성분들과 대화를 나눌 기회가 있었습니다. 남편의 대화방식이 화두가 됐는데, 참석한 거의 모든 여성분이 자신의 남편이 집에서 짜증이나 화를 낸다고 하소연했습니다. 그럴 때마다 힘들어서 이런저런 이야기도 해 보고 노력도 해 봤지만, 몇십 년 동안 달라진 것은 전혀 없었다고 푸념했지요. "아무리 말해도 달라지지 않아요. 언제까지 이러고 살아야 하나 답답해요." 그래서 그냥 포기하고 살아간다고 모두 입을 모아 이야기했습니다. 실로 얼마나 많은 부부가 이런 식의 대화를 하면서 사는지 느낄 수 있는 자리였지요.

짜증이나 화, 신경질을 내는 것은 주변에 똥물을 뿌리는 것과 같습니다. 왜? 기분이 더러워지니까요. 가볍게 짜증을 내더라도 받는 사람은 계속 기분이 언짢고 불쾌한 상태로 있습니다. 저희 집에서는 남편이 짜증을 낼 때, 저와 딸은 "똥물 뿌리지 말라"고 합니다. 물론 남편 또한 제가 짜증을 내면 "엄마가 똥물 뿌리고 있다"고 하지요. 그러면 그 파장이 사실적으로 느껴지고 명확하게 자각될 뿐 아니라 우습기도 해서 모두 멈추게 됩니다.

상대에게 직접 화를 내는 것은 공격이다

초등학생인 다솜이와 동생 은하는 함께 놀다가 자주 싸웁니다. 그럴 때면 엄마가 들어와 야단을 치지요. 다솜이는 "난 잘못한 게 없어. 은하가 자꾸 나에게 대들잖아. 심한 말도 하고, 은하가 화나게 해서 화낸 건데 뭐가 잘못이야?"라고 말하며 억울해합니다. 다솜이는 '화나게 했으니까 화내는 건데 뭐가 잘못이야? 저 사람이 화나게 했으니까, 저 사람에게 화를 내는 것은 당연한 거야'라고 생각합니다.

상대에게 화내는 것은 용이 불을 뿜는 상황과 유사합니다. 상대는 그 불에 화상을 입을까, 상처를 받을까 자신을 보호하는 데 급급합니다. 그러다 보니 상처받지 않기 위해 너무나 많은 에너지를 쓰게 되어 정작 화를 내는 사람이 무엇을 전달하려고 했는지는 보지 못하게 되지요. 결국 화를 내는 사람은 감정 해소도 실패하고 전달도 실패하고 맙니다.

화를 내는 사람의 논리와 달리, 상대는 항상 억울합니다. 자신이 함부로 여겨졌고 존중받지 못했다는 생각에 상처받습니다. 화를 받는 게 온당하다고 느껴지는 경우는 거의 없습니다. 화내는 사람은 상대가 기여한 정도를 70이라고 생각해도, 상대는 60이라고 생각할 수 있지요. 더 받은 10만큼의 화가 억울합니다. 그러니 당하는 사람도 화가 나지요. 화는 또 다른 보복이나 복수를 부를 수 있습니다.

상대방과 감정 대화를 하기 전에 상처받은 감정을 어느 정도 해소하지 않으면, 언어적 메시지나 비언어적 메시지를 통해서 공격성이 전달됩니다. 표정이나 몸짓에서 공격성이 묻어나기도 하고, 전달하는 내용에 상대에 대한 지적이나 비난, 판단을 품는 단어가 포함되기도 합니다. 해소되지 않은 감정이 계속 몸 밖으로 나가려 해서 자신도 모르게 공격성이 나오는 겁니다.

많은 분들이 상처 주지 않는 방식으로 대화할 수 있다고 자신하지만, 감정 대화를 실제로 해 보면 상대방 마음을 상하게 할 수 있는 단어나 표현을 어떻게든 집어넣는 것을 알 수 있습니다. '과장님이 생각 없이 하신 행동이', '여보. 당신의 이기적인 행동이'와 같은 방식으로 교묘하게 표현됩니다. 그러면 상대는 기분이 나빠져 더 이상 대화가 제대로 진행되기 어렵지요.

그러니 감정 대화를 시도하기 전에, 먼저 여러분의 상처받은 감정부터 해소하십시오. 그러고 나서 전달해야 원활한 대화가 가능합니다.

어떤 갈등도 멈추게 하는 대화법

혹시 자녀와 소원한 관계에 있지는 않나요? 배우자와 냉랭한 상태에 있지는 않나요? 여러분은 무엇에 기분이 나빴습니까? 자녀나 배우자는 여러분의 어떤 말이나 행동에 마음이 상했을까요? 여러분이 그들과 관계 회복을 원한다면, 이를 위해 필요한 감정 단어가 하나 있습니다. 그것은 바로 "미안해"입니다.

엄마 도연 씨는 딸 미소 씨와 싸우다가 그만 심한 말을 해버리고 말았습니다. 미소 씨는 "흥! 기분 나빠. 엄마랑 이제 말하나 봐라. 어떻게 나에게 그렇게 소리를 지를 수 있어? 아무리 자식이라고 해도 기분 나빠!" 하며 잔뜩 화가 났습니다. 미소 씨의 아빠는 냉전 상태인 아내와 딸의 사이에서 서로를 달래느라 진땀이 납니다.

사실 이때 엄마와 딸에게 필요한 건 딱 한 가지, "미안해"라는 말 한마디입니다. 이 말을 듣지 않는다면, 계속 화난 마음에 서로를 기분 나쁘게 하고 상처 주는 행동을 계속하게 될 것입니다. 그러면 관계는 더욱 틀어지게 되지요.

이럴 때 누군가 먼저 "미안해"라고 한다면 어떻게 될까요? 만약 엄마 도연 씨가 먼저 "엄마가 심한 말을 해서 미안해"라고 한다면, 딸 미소 씨도 "나도 엄마가 싫어하는 행동을 하고 소리 질러서 미안해"라고 하며 갈등이 풀어질 겁니다. 반대로 딸 미소 씨가 먼저 사과하면, 엄마 또한 사과하게 될 것입니다.

제가 딸아이를 키우면서 가장 자주 한 말은 "사랑해"와 "미안해"입니다. 오히려 "미안해"를 더 자주 한 것 같기도 합니다. 어른들은 "그게 뭐가 기분 나쁠 일이야. 별것도 아닌데 기분 나빠 하는 거야"라고 이야기합니다. 그러나 실제로 아이를 키워보면 아이는 굉장히 사소한 말이나 행동에도 속상해한다는 사실을 알 수 있습니다. 사실 어른도 마찬가지이지요. 자세히 들여다보면 갈등은 큰일에서 비롯되지 않습니다. 아주 사소한 말 한마디에, 별것 아닌 것처럼 보이는 작은 일에서 균열이 생기고 마음이 상하게 됩니다.

직장에서도 마찬가지입니다. 직장동료가 무심코 한 말에 기분이 나쁘고 서운한 감정이 올라옵니다. 그렇다고 그 말이나 행동에 마음이 상했다고 말도 하지 못합니다. 속이 좁다고 할까 봐 말하지도 못하면서, 상대에 대한 마음이 안 좋아져 다른 일을 꼬투리 잡기도 하고 다른 핑계를 대고 비난하기도 하지요. 상대는 이유를 정확히는 모르지만, 예전 같지 않다는 것을 느끼게 되지요. 결국 서로 냉랭해지고 말도 하지 않게 됩니다. 필요했던 건 "미안해"라는 한마디였을 겁니다.

부부 관계에서는 더욱더 그렇습니다. 부부가 오랜 세월 함께 살다 보면 서로에게 기분 나쁜 말이나 행동을 하고 상처를 주는 경우가 많지요. 가정에 관심이 없는 남편 때문에 홀로 자식들을 키우느라 힘들게 살아온 아내가 남편에게 간절히 듣고 싶은 한마디가 있습니다. 바로 "미안해"입니다. 그런데 남편들은 이 한마디가 참으로 어렵습니다. 이 한마디만 하면 20년, 혹은 30년의 세월이 용서받고 회복될 수 있음에도 불구하고, 이 한마디를 하지 못해서 계속 냉랭하고 차가운 갈등상태를 견디며 살아갑니다. 그 어떤 보상보다도 "미안해", "고마워"라는 한마디면 되는데 말이에요.

이 한마디가 왜 그토록 하기 힘들까요? 부모는 "부모가 야단치고 나무랄 수 있는 거야. 부모가 권위가 있어야지. 무슨 사과야?"라고 말할지 모릅니다. 직장인은 "미안하다고 하는 것은 잘못을 인정하는 거야. 난 잘못하지 않았어"라고 고집합니다. 연인은 "미안하다고 하는 건 자존심 상하는 일이야. 알아서 넘어가"라고 합니다. 부부는 "그런 말을 어떻게 해? 말하지 않아도 알아야지. 남사스럽게"라고 치부합니다.

하지만 말하지 않으면 결코 알 수 없습니다. 우리가 안다고 생각하는 것은, 정말 아는 것이 아니라 짐작하는 것입니다. 그러나 나이가 들어가고 함께 오래 살다 보면 젊음과 아름다움, 체력, 기회 등 많은 것을 잃게 되고 사는 동안 겪은 많은 상처로 인해서 자존감이 낮아지게 되지요. 그래서 이제는 다른 짐작을 하게 됩니다. '미안해하지 않을 거야. 날 무시할 거야.' 그러니 말로 직접 해야 합니다. 여러분의 마음이 그렇지 않다는 것을 전달할 수 있게요.

상담자로 오랫동안 일하면서 알게 된 사실이 있습니다. 엄마와 아빠에게 상처받은 많은 분들이 가장 듣고 싶어 하는 말은, 바로 "미안해"라는 겁니다. 60세든 70세든 나이는 상관없습니다. 부모에게는 모두가 아이이기 때문입니다. 부모에게 상처받은 감정은 계속 아이의 마음으로 남아 있습니다. 세상을 떠난 엄마에게 상처받은 감정을 해소하는 작업을 하던 여성이 흐느끼며 외치는 소리에 가슴이 먹먹해졌던 기억이 납니다. "왜 죽었어. 미안하다는 말 한마디 듣지 못하게.

왜 죽어버렸냐고"라며 흐느껴 울었습니다. 엄마에게 상처받은 것도 억울한데, 엄마가 죽어버려서 앞으로 미안하다는 사과 한마디를 직접 들을 수 없게 되어 버려서 더 억울하다는 것입니다.

하고 싶어도 하지 못하는 순간들이 갑작스럽게 닥칠 수 있습니다. 그러니 늦기 전에 그 사람에게 "미안해"라고 사과해 보세요. 상처받은 모든 분이 상처를 준 누군가에게 가장 듣고 싶은 말은 바로 진심 어린 사과입니다.

먼저 상대에 대한 이해를 전달해 안전한 환경을 만들라

감정을 해소하는 데는 상대방이 결코 필요하지 않다는 이야기를 했지요. 또한 감정 해소와 감정 전달은 별개의 과정이라고요. 상대방에게 감정을 전달할지 말지는 선택의 문제입니다. 상대방에게 감정을 전달할 때 얻을 수 있는 것과 잃을 수 있는 것을 따져보세요. 만약 감정을 전달하기로 했다면, '선해소 후대화'의 원칙에 따라 먼저 상처받은 감정을 해소하고 대화하십시오.

이제 준비가 됐다면, 상대방에게 감정을 전달하는 방법을 알려드리겠습니다. 어떻게 하면 갈등을 풀면서도 여러분의 감정을 효과적으로 안전하게 전달할 수 있을까요?

감정을 전달하는 첫 번째 단계는 대화할 수 있는 안전한 환경을 만드는 것입니다. 그러기 위해서는 먼저, 여러분이 갈등 상황과 관련해서 상대방을 이해하고자 한다는 마음을 표현하세요. 갈등 상황에 있는 상대방은 여러분의 감정 대화에 방어적일 수밖에 없습니다. '대화하면서 나를 공격할지 몰라. 상처받았으니 나에게 상처를 줄지도 몰라'라는 불안한 마음에 자신을 방어하느라 긴장합니다. 방패를 들고 보호하는 데 급급하다 보면, 정작 여러분이 전달하고자 하는 이야기는 들리지 않습니다. 그렇기 때문에 상대방의 경계를 풀어줘야 합니다.

"여보. 요새 많이 힘들지? 직장에서 스트레스받는 거 알아. 게다가 어머니 일로 이래저래 힘들 거야. 그래서 자꾸만 사소한 일에도 짜증이 올라올 수 있다는 것 이해해." "승현아. 고등학생이 되어서 해야 할 공부도 많고, 학교에 학원까지 다니느라 몸도 마음도 힘들다는 것 알아. 그런데 자꾸 엄마가 밥을 먹으라 하고 숙제를 확인하니 더 부담스럽고 짜증날 수 있겠지."

이때 상대방의 마음을 정확하게 맞출 필요는 없습니다. 중요한 것은 여러분이 상대의 마음을 이해하고자 한다는 것을 전달하는 겁니다. 상대가 내 마음을 알아줄 때, 나 또한 상대의 마음을 알고자 하는 동기가 생깁니다. 대화에 참여할 여유가 생기는 거지요.

오직 내 감정에 대해서만 전달하라

안전한 환경을 만들어서 상대방이 경계를 푼다면, 그리고 상대방이 여러분의 이야기를 들을 여유가 생겼다면, 이제 여러분의 이야기를 할 차례입니다. 이때 중요한 것은 오직 내 감정에 대해서만 전달해야 한다는 겁니다. 실제로 감정 대화를 할 때 실패하는 가장 큰 이유가 무엇일까요? 바로 상대에 대해서 말하기 때문입니다. 조언도 상대에 대한 이야기이고, 지적이나 비난도 상대에 대한 이야기입니다. 사람은 칭찬을 듣든 비판을 듣든, 자신에 대한 이야기를 들으면 무엇이 건드려질지 몰라 긴장하고 방어하게 됩니다. 그러니 상대에 대한 이야기는 가능한 하지 마세요.

"여보. 당신은 너무 이기적이야. 내가 얼마나 고통스러운 줄 알아?" "넌 왜 그렇게 게으르니? 엄마가 속이 터진다." "최 대리. 그렇게 의존적으로 행동을 하니까 내가 부담스럽잖아." "민석 씨. 일을 꼼꼼하게 안 하잖아. 내가 그 일 처리하면서 얼마나 힘든 줄 알아요?" 이렇게 상대방이 어떤지 콕 집어서 말하고 싶습니다. 하지만, 이는 모두 대화 내용에 상대방에 대한 부정적인 측면을 담고 있습니다. 그러니 상대방은 불쾌해질 수 있고, 주고받는 대화가 잘 이루어지기 어렵습니다.

그럼 어떻게 해야 할까요? 앞서 다뤘던 바와 같이, 내 감정을 유발한 것은 상대가 아닙니다. 그 사람의 말이나 행동이 아닙니다. 내 감정을 유발한 것은 자극이나 상황에 대한 판단, 즉 내 생각입니다. 예를 들어, 직장에서 동료가 인사를 안 받았다고 합시다. 그 행동을 보고 '일부러 인사 안 한 것 아냐?'라고 생각하면 화가 납니다. 그러나 '다른 생각 하느라 무심코 지나쳤겠지'라고 생각하면 화나지 않습니다. 자극에 대해 어떤 생각 즉, 판단을 했기 때문에 감정이 느껴진 것이므로 내 감정은 생각이 유발한 것이지요.

그러니 내 감정을 전달할 때, 감정을 유발한 원인인 생각을 포함해서 전달하십시오. "여보. 당신이 자꾸 집에 와서 나한테 짜증 내는 것이 나를 존중하지 않는 것처럼 생각돼서 나는 속상해요." 이때도 두루뭉술하게 행동을 얘기하는 것이 아니라, 구체적인 행동을 집어서 언급하는 것이 중요합니다. "승현아. 네가 엄마에게 소리 지르거나 짜증 내고 화를 내면 나에게 함부로 한다고 생각돼서 서운하구나. 엄마가 마음이 아프단다." "민석 씨의 보고서에 오타가 생기거나 놓치는 부분이 생길 때, 자칫 그것으로 인해 일이 잘못될까 봐 자꾸 걱정되고 불안해요."

상대방은 여러분의 이야기에 '내 말이나 행동에 대해 그런 생각이 들어서 그런 감정을 느꼈구나'라고 생각할 수 있습니다. 거리를 두면서 상대의 감정을 듣고 이해하게 되지요.

진정으로 바라는 것을 전달하라

마지막으로, 관계를 개선하기 원한다면 여러분이 느낀 감정과 관련해서 진정으로 바라는 것이 무엇인지 전달하십시오. 감정을 느꼈다는 것은 상대방 또는 그 상황과 관련해서 바라는 것이 있었다는 겁니다. 관계에서 갈등 또는 불쾌한 감정을 느꼈다면, 관계에서 바라는 것이 반드시 있었다는 거지요. 그러한 상처를 다시 받고 싶지 않다면, 그러한 불쾌한 감정을 반복해서 느끼고 싶지 않다면, 더 나은 인간관계로 나아가고 싶다면, 그 관계에서 무엇을 바라는지 전달해 보세요.

"여보. 내가 원하는 건 한 가지뿐이에요. 그저 저를 존중해줬으면 좋겠어요. 짜증 내지 않았으면 좋겠어요." "승현아. 엄마가 상처받지 않게 엄마에게 소리 지르거나 짜증이나 화를 내지 말아줬으면 좋겠어." "민석 씨. 보고서 작성을 하거나 일 처리할 때 오타나 놓치는 게 없는지 한 번만 더 꼼꼼하게 확인해 줬으면 좋겠어요." 이렇게 전달했을 때, 배우자는 짜증 내지 않으려고 노력할 수 있고, 아이는 엄마에게 소리 지르지 않으려 할 수 있으며, 직장 후배는 일을 꼼꼼하게 하려고 좀 더 애쓸 수 있습니다.

Chapter 4

누구에게나 부모 귀신이 있다

가장 가까운 사람이 가장 아프게 한다

인간관계 가운데 단연 가족이야말로 우리가 세상을 살아가는 데 필요한 힘을 얻는 원천이지요. 그러나 동시에 우리가 가지고 있는 상처 대부분이 가족에게서 유래하기도 합니다. 어린아이는 태어나서 처음으로 맺게 되는 관계인 양육자 즉, 부모와의 관계를 통해 자존감을 형성합니다.

부모는 아이가 살짝 지은 미소에도 "아유, 예뻐라. 어쩌면 이렇게 예쁠까?", 아이의 서투른 몸짓에도 "잘한다", "멋지네"라고 무한한 칭찬을 보냅니다. 그런 반응을 계속 받다 보면 아이는 자신도 모르게 '나는 참 예쁘고 사랑받을 만한 사람이구나', '난 뭐든 잘하는 잘난 사람이구나'라고 생각하면서 높은 자존감을 형성하게 되지요.

가족은 자존감의 근원이다

이처럼 아이는 부모를 통해, 세상을 살아가는 데 필요한 자존감을 형성합니다. 그러니 부모로부터 충분히 사랑과 칭찬을 받을 필요가 있습니다. 이때 형성된 자신을 사랑하는 마음인 자기애를 통해, 아이는 부모를 떠나 사회로 나가고 새로운 도전을 하고 위험에 맞서 앞으로 나아가게 되지요. 만약 이 시기에 자기애가 충분히 충족되지 못하고 자존감이 낮게 형성된다면, 아이는 험난한 세상에서 좌절을 맛보며 고통스러워하다 주저앉을 수 있습니다. 다른 사람을 대할 때 '나를 싫어할 거야', '나는 잘하지 못할 거야'라고 생각하여 위축되고 뒤로 물러납니다. 급기야는 두려워서 가족 밖의 세상으로 나가지 않겠다고 고집하기도 합니다.

반대로, 오히려 지나친 자기애적 태도를 형성하기도 합니다. 지나친 자기애적 태도란 자신에 대한 사랑과 인정에 꽂혀서, 자신의 잘남을 확인받기 위해 끊임없이 인정과 칭찬을 갈구하거나 다른 사람을 이용하는 것을 말합니다. 이들은 끊임없이 잘난 척을 하거나 과시하려고 하고, 다른 사람보다 자신이 낫다는 것을 확인하고자 애씁니다. 이런 사람이 곁에 있으면 정말 피곤하지요. 언뜻 보기에는 굉장히 자신만만해 보이지만, 그 속에는 자신에 대한 부정적인 태도와 열등감이 깊은 경우가 많습니다.

가족은 상처의 근원이다

저는 꾸준히 개인상담과 집단상담을 통해 상처받은 사람들의 감정에 대한 작업을 하고 있습니다. 처음에 사람들이 호소하는 문제는 각기 각색이지만, 그 문제에 대해 접근하여 작업하다 보면 희한하게도 대부분 엄마나 아빠에게 받은 상처인 경우가 많습니다. 가족이 그 무엇보다도 가까운 인간관계이기에, 그만큼 상처받을 가능성 또한 높은 것입니다.

가까운 인간관계에서 상처를 자주 받게 되는 이유는 기대하는 데에 있습니다. 기대하면 실망합니다. 기대가 크면 실망도 크고 분노도 크며 고통도 크지요. 우리는 상관없는 사람이나 모르는 사람에게는 기대하지 않습니다. 가까운 가족이기에, 나의 아빠, 엄마, 형제자매이기에 기대하게 되고, 그것이 채워지지 않을 때 실망하고 상처를 받습니다.

우리가 가족에게 기대하는 것 가운데 가장 기본적인 건 친밀감입니다. 인간은 사회적 동물로서 다른 대상에게 친밀감을 느끼며, 어느 조직이나 사회 안에 소속되고자 하지요. 그 친밀감과 소속감을 채워줄 거라고 기대하는 일차적 대상이 가족입니다. 모두가 남이어도 나의 엄마, 나의 아빠는 나와 정서적 유대감이 있는 친밀한 존재인 거지요.

그런데 친밀감은 정서적 애착을 통해서 형성됩니다. 그러다 보니, '나를 좋아해줘', '나를 사랑해줘'와 같은 기대를 하고, '나는 너를 좋아해', '너랑 있으면 편해'와 같은 정서적 반응을 주고받으며 친밀감을 느끼게 되지요. 이러한 친밀감이 채워지지 않으면 외로움을 느낍니다. 친밀감이 결핍될 때 고립감을 느끼며, 어디에도 소속되지 못하여 외롭고 쓸쓸해지지요.

우리는 친밀감을 통한 소속감 이외에도 자존감의 핵심 근원이라 할 수 있는 인정 받고 싶은 욕구를 가족으로부터 채우고자 합니다. 부모가 자신을 인정해주기를 원하지요. 자신이 잘났고 괜찮은 사람이라고 말해주기를 원합니다. 그래서 부모의 반응을 예민하게 살피며, '잘했다고 칭찬해줘', '괜찮은 사람이라고 인정해줘'와 같은 기대를 합니다. 이것이 채워지지 않을 때 그 결핍으로 인해 '나는 별로인가 봐'와 같이 자신을 부정적으로 생각하며 낮은 자존감을 형성하게 됩니다.

결핍은 끊임없는 보상을 요구한다

우리가 세상을 살아가는 데 필요한 힘이자 에너지인 자존감은 주로 사랑과 인정의 메시지로 채워집니다. 이 핵심 메시지는 아이가 태어나 만나는 첫 소속인 부모에게서 마땅히 채워져야 합니다. 그러나 부모에게서 사랑과 인정의 욕구를 채우지 못하면, 그 결핍으로 인해 살아가는 동안 끊임없이 이를 채우고자 합니다. 가정 밖의 사회에서 만나는 주변 사람들에게 애정과 인정의 욕구를 채우려 하지요. 친구에게서, 선생님에게서, 선후배에게서, 직장동료에게서, 연인에게서, 부하직원에게서, 상사에게서 받으려 하고 채우려 합니다. '나 좋아해?', '왜 나 안 좋아해?', '나 잘났지?', '나 잘했어?'라는 메시지를 은근히 요구하거나 대놓고 묻기도 합니다. 끊임없이 주변 사람들의 반응을 살피며, 자신의 욕구를 채울 수 있는 단서들을 기대하고 찾습니다. 자신이 사랑받을 만한 사람인지 그리고 잘났는지 계속해서 확인받고자 하지요. 그렇지 못하면 크게 실망하고 좌절하기도 합니다.

흥미로운 점은 이들의 기대와 요구, 그리고 노력으로 인해 주변에서는 이들에게 좋아하고 인정한다는 피드백을 자주 주지만, 정작 이들은 만족하지 못하고 끊임없이 피드백이 부족하다고 느끼며 주변으로부터 채우고자 한다는 점입니다. 마치 먹어도 먹어도 배가 부르지 않는 것처럼 말입니다. 아무리 애정과 인정을 줘도 밑 빠진 독처럼 그 결핍은 채워지지 않습니다. 그래서 그들은 여전히 외롭고 자존감이 낮습니다.

그러나 밑 빠진 독이라고 채워지지 않는 건 아닙니다. 계속 채우다 보면, 어느 순간 꽉 채워지고 신기하게도 더는 아쉽지 않은 느낌이 들게 됩니다. 주변의 반응에 지나치게 기대하거나 반응하지 않게 되지요. 바로 그때가 밑 빠진 독이 채워지는 순간이고, 배고팠던 아이가 배를 채우는 순간입니다. 어느새 나는 충분히 사랑받을 만한 사람이고 괜찮은 사람이라는 것을 스스로 믿게 되지요.

숨어도 피할 수 없는 부모 귀신

우리는 모두 성장하는 동안 부모의 개입과 간섭을 받을 수밖에 없습니다. 부모가 만들어 놓은 울타리 안에서 안전을 보장받는 대신, 개입과 간섭을 계속해서 받으며 자라지요. 그 간섭이 싫어 경제적 독립과 정신적 독립을 이루기를 간절히 바랍니다. 그러나 살다 보면 알게 됩니다. 취직, 결혼, 분가 등 다양한 방식으로 독립을 해도 부모로부터 자유로워지는 건 쉽지 않다는 것을요. 어쩌면 우리는 평생 부모에게 벗어날 수 없는 존재일지도 모릅니다.

자신이 부모의 도움 없이 많은 것을 이뤄냈다고 생각하는 사람도 마찬가지입니다. 우리는 세상 밖으로 나가 다양한 관계를 만들고 도전을 하며 살아갑니다. 그 과정에서 잘 대처하고 성공적인 결과를 얻다 보면, 자신이 정말 잘나고 힘이 있다고 생각되지요. 배우자를 만나 새 가정을 꾸릴 때는 해방감마저 느껴집니다. 그러나 곧 알게 됩니다. 우리는 결코 부모에게서 벗어날 수 없다는 것을요.

내 귓가에 부모의 목소리가 맴돌아

우리 마음 안에는 스스로에게 말하는 여러 목소리가 있습니다. 혹시 자주 맴도는 목소리의 내용은 무엇인가요? 그 목소리는 모두 여러분의 것인가요? 만약 그렇지 않다면, 누구의 목소리인가요? 심리학에는 '내사introjection'라는 개념이 있습니다. 내사란 외부에서 들어온 것을 무비판적으로 받아들이는 행위입니다. 마치 세뇌처럼요. 권위자, 특히 부모의 행동이나 사고방식이 아이에게 내사되기 쉽습니다. "성공해야 한다", "다른 사람에게 사적인 얘기를 해선 안 된다", "낯선 사람은 항상 조심해라", "아무도 믿어서는 안 된다"와 같은 이야기를 자주 들었다면, 자신도 모르게 이러한 말들을 받아들인 채 살아가고 있을지 모릅니다. 이처럼 부모가 한 말과 행동들은 자녀에게 스며들어 이후 삶 전체에 영향을 미칩니다.

지희 씨는 아버지의 사업실패와 부모의 이혼 등 여러 역경들을 견디면서 열심히 살아왔습니다. 그런데 30세가 된 지희 씨는 언제부터인가 불쾌한 감정이 올라오다가도 금세 확 사라져버립니다. 감정이 그대로 느껴지지 않습니다. 자세히 살펴보니 그럴 때마다 지희 씨에게 들리는 목소리가 있었습니다. "뭐가 힘들다는 거야? 이건 힘들 만한 일이 아냐." 힘들 때 힘든 감정을 느끼는 것은 당연한 데도, 불쾌한 감정을 느낄 만하면 안에서 내사된 목소리가 나와서 그 감정을 확 억눌러 버립니다. 그 목소리의 주인은 지희 씨가 아니라, 어릴 때부터 늘 비난하며 냉정하게 대했던 엄마의 목소리였습니다.

지희 씨의 엄마는, 지희 씨의 슬픔, 화남, 억울함 등의 힘든 감정을 받아들이지 못했습니다. 그런 엄마의 목소리는 지희 씨 안에 깊숙이 자리 잡고서는 어떤 상황에서든 감정이 올라오면 "뭐가 힘들다는 거야? 이건 힘들 만한 일이 아냐"라며 비난했습니다. 지희 씨는 감정이 올라왔다가도 이내 그 목소리에 주눅이 들어 감정을 눌러 버렸던 것입니다.

이렇게 우리에게는 부모 귀신의 목소리가 주변을 맴돌고 있습니다. 여러분의 귓가에 맴도는 목소리의 내용은 무엇입니까? "너는 왜 이렇게 뚱뚱하니?", "너는 참 못됐어", "너는 참 이기적이야", "뭐가 힘들다고 난리야. 유난 좀 떨지 마" 등의 목소리는 우리의 자존감을 낮추고 자꾸만 위축시킵니다.

내 안의 목소리를 꺼내어 그 정체를 확인해 보십시오. 구체적으로 적어 보십시오. 만약 부모 귀신의 목소리라면 이번엔 그대로 따르지 말고, 한번 씹어서 소화시켜 보세요. 그 목소리의 내용에 대해 여러분은 어떻게 생각하시나요? 여러분의 생각대로 소화시켜 보세요. 만약 씹어서 소화시키려 했는데 그것을 도저히 삼킬 수 없다면, 뱉어도 괜찮습니다.

앗, 부모 감정 귀신이다

부모 귀신은 목소리로만 있는 것이 아니라, 감정 귀신으로도 우리 안에 존재합니다. 여기서 잠깐. 이해를 돕기 위해 감정의 종류에 대해 간단하게 설명해 드리겠습니다. 감정은 다양한 옷을 입고 있습니다. 어떤 경우는 옷을 너무 두껍게 입고 있기도 하고, 어떤 경우는 정체를 모르게 가면을 쓰고 있기도 하지요. 감정은 크게 일차적 감정과 이차적 감정으로 나누어지는데, 일차적 감정이란 자극에 반응해서 즉각적으로 느낀 감정을 말합니다. 때리면 화가 나고, 잃으면 슬픕니다. 이런 감정이 일차적 감정이지요. 그런데 발생은 했으나 느끼고 충분히 표현되지 못한 일차적 감정은, 남아서 계속 기회를 엿보며 빠져나오려고 합니다.

예를 들어, 직장 상사 때문에 화가 나 있었는데 집에 오니 아이들이 장난감을 치우라는 말을 듣지 않고 계속 놀고만 있습니다. 갑자기 욱하고 화가 치밀어 올라 소리를 지르게 됩니다. "아빠가 장난감 치우라고 했지! 지금 너희들 아빠 말이 말 같지 않아?" 이때의 화난 감정은 사실 온전히 아이들에 대한 감정이 아닙니다. 그날 직장에서 자존심을 상하게 했던 상사에 대한 화이지요. 이렇게 번지수를 잘못 찾아서 덤터기 씌워지듯 나가는 감정이기 때문에, 우리 삶에 도움이 되지 않는다고 해서 부적응적 일차적 감정이라고 합니다.

어릴 때 강압적이고 지시적이었던 엄마에 대한 분노가 늘 있었는데, 이를 표현하지 못하고 계속 억누르고 있으면 분노의 감정은 계속해서 "나 나갈 테야. 나갈 테야" 하며 나갈 기회만 엿봅니다. 그러다가 엄마와 유사한 느낌을 주는 주도적인 동료나 상사를 만나게 되면, 심하게 욱하고 화가 나고 반발심이 올라옵니다. 이런 반응을 부모 감정 귀신이라고 합니다. 즉 부모에 대한 감정이 귀신이 되어 맴돌고 있는 것입니다. 부모 감정 귀신에는 당연히 엄마에 대한 감정 귀신, 아빠에 대한 감정 귀신이 있겠지요.

어떤 분이 이런 이야기를 한 적이 있습니다. "저는 아침에 눈 떠서 잠들 때까지 그냥 이유도 없이 불안해요." 호소하는 문제만 들으면 어떻게 해야 할지 몰라 막막하겠지만, 그 불안한 감정에 집중해서 따라가다 보면 이내 그 감정의 정체가 나타납니다. 이분도 마찬가지였어요. 부모를 떠올렸지요. 성장하는 과정 동안 느껴왔던, 부모의 높은 기준을 충족시키지 못할 거라는 불안감이 모든 삶에 영향을 미치고 있었던 것입니다. 이렇게 부모 감정 귀신을 알아차리고 마주한 후, 감정 귀신을 떠나보내니 일상생활에서 이유 없이 올라오는 불안감이 현격히 감소됐습니다.

어떤 분이 "저는 늘 외로움을 느껴요. 남편과 함께 있어도, 아이를 낳았는데도 외로워요"라며 자주 외로움을 느낀다고 호소했습니다. 이분의 외로움이 어디에서 왔는지를 알아보기 위해, 그 외로움에 집중해서 따라가 보았습니다. 이내 그 외로움 또한 정체를 드러냈습니다. 어릴 때 엄마가 일하러 나가면서 빈집에 자신을 혼자 두고 갔을 때가 여러 번 있었다고 합니다. 그 순간이 너무 무섭고 외로웠으며, 자신을 혼자 두고 간 엄마에 대한 분노를 느꼈지만 이를 참기만 했지요. 커서 남편을 만나고서도 그 두려움과 외로움, 그리고 분노가 마음속에 계속 자리하고 있었던 겁니다. 특히 자신에게 미안하다고 사과도 하지 않고, 사랑을 표현하는 것에 인색했던 엄마로 인해 고립감과 외로움은 더욱 컸습니다. 이렇듯이 현재의 삶에서 나타나는 여러 문제나 감정들은 사실 부모 감정 귀신의 영향인 경우가 매우 많습니다. 여러분의 부모 감정 귀신은 어떤 영향을 미치고 있나요?

부부의 상처는 아이에게 돌아간다

양육하는 과정에서 부모의 부부 관계는 자녀에게 여러 가지 측면에서 영향을 미칩니다. 특히, 부모의 부부 관계가 심각하게 나빠서 어릴 때 많은 상처를 받은 사람일수록 오히려 감정에 무디거나 감정을 잘 느끼지 못하는 경우가 종종 있습니다. 이들은 부모 중 한 명이 알코올중독이었거나, 부모에게 학대를 받았다거나, 가정폭력을 목격했다거나 하는 등의 충격적인 사건을 겪었음에도 불구하고, 자주 느낄 법한 화를 잘 느끼지 못하고 매사에 무덤덤하게 반응하지요. 자신이 겪은 과거의 고통스러운 경험을 이야기할 때도 듣는 사람만 안타까워하고 힘들어할 뿐 정작 말하는 이는 별다른 감정을 느끼지 않으며 무덤덤하게 말하곤 합니다.

이처럼 강렬한 감정을 경험할 수 있는 가정환경에서 자란 경우, 오히려 감정을 차단해 버리는 양상이 나타납니다. 어느 정도의 상처나 불쾌한 감정이라면 느끼고 소화시킬 수 있습니다. 그러나 지나치게 충격적인 사건이 발생했다면, 그것도 반복적으로 일어났다면, 그 사건은 어린아이가 감당할 수 없을 만큼 큰 정서적 아픔을 유발합니다. 아이들은 감정이 유발한 고통을 담아낼 수 있는 그릇이 작기 때문에, 고통이 자신의 한계를 넘어서면 선택을 하게 됩니다. 아예 느끼지 않겠다고요. 상처가 주는 감정을 극단적으로 느끼지 않겠다고 결심하면서, 감정을 차단합니다. 결국 감정이 무뎌지고 매사에 감정을 잘 느끼지 못하게 되지요.

한 쪽 편을 들어서 해결할래요

아이들이 세상을 살아가는 힘의 근원은 가족에게서 느끼는 친밀감, 소속감, 그리고 그 소속감에서 얻게 되는 안정감입니다. 그런데 부모가 서로 싸우면 자녀들은 자연스럽게 불안해집니다. 불안은 고통스러운 감정이라 아이들은 불안을 느끼지 않는 방향을 모색하게 됩니다.

이때 많은 아이들이 자신이 직접 부모 중 한 쪽을 편들어줌으로써 싸움을 끝내고자 합니다. 대개 심적으로 가까운 한 쪽 부모의 편을 들어 상황을 해결하려 하지요. 엄마에게 심적으로 가까운 자녀는 엄마가 얘기할 법한 이야기를 아빠에게 합니다. "엄마가 힘들다고 하잖아. 그러니까 일찍 다녀." 반대로 아빠에게 심적으로 가까운 자녀는 엄마를 향해서 "엄마는 왜 살림을 이렇게밖에 못해? 집 좀 깨끗하게 해"라고 말합니다. 한 쪽 부모 즉 엄마나 아빠의 시선으로 다른 쪽 부모를 바라보는 것입니다.

사실 자녀가 부모를 바라보는 시각과 배우자가 서로를 바라보는 시각은 완전히 다름에도 불구하고, 아이들은 부모의 시각으로 자신의 부모를 바라봄으로써 혼란을 느끼게 됩니다. 자녀에게는 100점짜리 아빠지만, 아내에게는 30점짜리 남편일 수 있습니다. 그러나 자녀는 한 쪽 편을 들어서 해결해야 하기에, 자신에게는 100점짜리였던 아빠를 엄마의 시각으로 보아 30점짜리로 평가절하해 버립니다. 이것 자체가 내적 갈등을 유발합니다.

'나는 아빠가 좋아'와 '아빠 때문에 엄마가 힘드니까 나도 아빠를 싫어해야 해' 간에 대립과 모순이 생기게 되는 것이지요. 이러한 갈등은 같은 편으로 선택되지 못한 한 쪽 부모에게도 상처가 됩니다. 그토록 사랑해줬는데, 자신을 싫어하고 미워하며 비난하는 자녀의 말과 행동은 굉장히 큰 상처가 됩니다. '어떻게 내 자식이 나에게 저런 말을 할 수 있어?' '내 자식이 나를 미워하다니 충격이야.' 이처럼 부모 간의 갈등으로 인해 자녀가 한 쪽 편을 들게 되면, 자녀와 다른 쪽 부모 모두 큰 상처와 갈등을 겪게 됩니다.

엄마와 아빠 사이를 중재하자

때로는 부모가 직접 자녀에게 해결을 위한 중재를 요구하기도 하지요. "미현아. 엄마한테 가서 아빠가 무척 화났다고 좀 전해", "너는 왜 가만히 보고만 있니? 엄마와 아빠가 계속 싸우면 좋겠어? 아빠한테 가서 뭐라고 말 좀 해봐"라고 합니다. 그러면 자녀는 부모를 중재하는 것이 자신이 마땅히 해야 하는 일이라고 생각해 죄책감을 느끼기도 합니다. '엄마와 아빠가 사이가 안 좋은 건 나 때문이야', '내가 좀 더 잘했더라면 이렇게 싸우지는 않았을 텐데. 다 내 잘못이야'와 같이 부모의 갈등에 대한 책임을 느낍니다.

가끔은 부모가 노골적으로 부부간의 갈등과 불만을 자녀에게 돌려, 아이를 탓하고 비난의 화살을 쏘기도 합니다. "너만 태어나지 않았어도 나는 아빠랑 안 살았어", "너 때문에 내가 이러고 사는 거야"라고 말합니다. 자녀는 결코 자신의 잘못이 아닌데도 불구하고, 스스로를 탓하고 부정적인 자기상을 형성하고, 나아가 부모에 대한 책임감을 느끼며 삶을 살아갑니다.

부부 관계는 아무도 모른다

부모 간의 갈등과 불화를 보고 자란 사람 중에는 자신이 부모를 이혼시켜야 한다는 부담감으로 살아가는 경우가 있습니다. 자신 때문에 마지못해 사는 거라면, 자신이 빨리 독립해서 부모님을 이혼시켜야 한다는 거지요.

주원 씨는 대학을 졸업한 후 공부를 계속하고 싶었지만, 취직을 해야 했습니다. 경제적으로 독립해서 조금이라도 빨리 부모를 이혼시켜야 한다는 생각에서였지요. 드디어 오랫동안 준비하고 기다리던 날이 왔습니다. 주원 씨는 엄마를 찾아가서 말했습니다. "엄마. 이제 아빠와 이혼하셔도 돼요." 그러나 돌아온 엄마의 반응은 25년간 한 번도 예상하지 못했던 것이었습니다. "아니, 무슨 말이야. 내가 아빠랑 왜 헤어져?"라며, 도리어 주원 씨에게 화를 냈습니다. 주원 씨는 엄마의 말만 믿고서 평생 그 죄책감과 책임감으로 살아왔고, 진정으로 하고 싶었던 진로도 포기해야 했습니다. 그러나 자신을 희생하면서 드린 선물에 대한 엄마의 반응은 무척이나 황당하고 허무했으며 배신감마저 들었습니다.

서윤 씨는 성장하는 동안 부모의 갈등과 싸움을 자주 접하며, 자식들 때문에 저렇게 싫어하고 증오하면서도 함께 사는 거라면 자신이 빨리 커서 부모를 이혼시켜야겠다는 생각을 하게 됐습니다.

그런데 막상 아빠가 치매에 걸렸을 때, 엄마의 반응은 서윤 씨의 예상 밖이었습니다. 요양원에 보낼 수 있음에도 불구하고 불쌍하다면서 5년씩이나 고생하며 아빠를 돌본 사람은, 바로 엄마였습니다. 결국 아빠가 돌아가셨을 때 엄마는 하염없이 눈물을 흘렸고, 아빠를 그리워하며 자주 눈물짓는 모습을 보였지요. 서윤 씨는 놀라지 않을 수 없었습니다. 아빠와 엄마는 서로를 정말로 싫어하고 어쩔 수 없이 사는 거라고 생각했는데, 서윤 씨가 모르는 둘만의 감정이 있었습니다.

정말 부부 관계는 아무도 모르는 것입니다. 하지만 중요한 것은 부모의 갈등이 자녀에게 다양한 오해를 낳고, 자녀의 삶에 막대한 영향을 미친다는 겁니다.

부부싸움 후에 반드시 화해를 보여주라

소위 부부는 '잘 싸워야 잘 산다'는 말이 있습니다. 너무나 다른 사람들이 만나 부부 관계를 맺기에 함께 잘 살아가기 위해서는 잘 싸워야 합니다. 하지만 부부간의 싸움은 자녀에게 부정적인 영향을 미치지요. 그러면 어떻게 하는 것이 좋을까요?

일단 자녀 앞에서는 싸우지 않으려고 노력해야 합니다. 부부간의 갈등은 기본적으로 자녀에게 불안감을 유발합니다.

이때 아이들은 가족이라는 울타리가 깨질 수 있다는 불안으로 인해, 특별한 일이 없음에도 불구하고 긴장하고 불안정감을 느끼게 됩니다.

인간이 성장하는 데 있어서 안정감은 굉장히 중요합니다. 사회적 관계와 성취 영역에서 자신감과 유능감을 갖고 능력을 발휘하기 위해서도 안정감이 선행되어야 합니다. 그러나 부부싸움이 아이에게 주는 불안정감은, 안정감이 주는 이 모든 것을 위협합니다.

그러니 가능한 자녀들 앞에서는 부부싸움을 하지 마시기 바랍니다. 서로 다른 사람이 만나 티격태격하면서 싸우며 살아가는 것은 너무나 자연스러운 일이지만, 자녀에게는 다툼 그 자체가 인생에 막대하면서도 중요한 영향을 미칠 수 있으니까요.

또한 자녀 앞에서 다른 쪽 부모에 대한 험담을 하지 마시기 바랍니다. 어떤 부모들은 친한 친구나 가족 밖의 관계에서 배우자에 대한 화를 풀지 못하고, 자신의 자녀에게 배우자의 욕을 하며 그 화를 푸는 경우가 있습니다. 이들은 "어떻게 밖에 나가서 그런 이야기를 해요? 저는 친구들에게 그런 얘기 못 해요. 그건 제 얼굴에 먹칠하는 거니까요"라고 항변합니다. 그렇게 사회적 관계에서는 배우자 욕을 하지 않고 좋은 점만 부각해 누가 더 잘 사는지 경쟁을 하지요. 다른 사람들에게 좋은 모습만 보이고 싶은 마음은 충분히 이해할 수 있습니다.

문제는 화가 나면 누군가에게 복수하고 싶은 마음과 공격성이 올라오기 때문에, 배우자에 대한 화가 밖으로 빠져나가려 하여 욕이나 험담이 하고 싶어진다는 거지요. 밖에서 하지 못하니, 평생 자신의 울타리 안에 있을 것 같은 자녀에게 배우자의 욕이나 험담을 하게 됩니다. 그렇게라도 안 하면 답답해서 미칠 것 같으니까요. 그러나 자녀들은 한 쪽 부모에 대한 욕이나 험담을 들으면, 기존에 자신이 부모에게 가졌던 생각이나 감정에 혼란이 생겨 부조화를 겪습니다. 부조화 자체가 스트레스이고, 상당한 내적 갈등을 유발합니다. '내가 알던 아빠가 그런 사람이었어?', '엄마가 그렇게 말하고 행동했다는 거야?' 자녀에게는 충격 그 자체입니다. 그러니 자녀에게 배우자의 욕이나 험담은 하지 않는 것이 좋습니다.

만약 어떻게든 부부싸움을 해야겠거든, 부부싸움 후 자녀에게 부모가 서로 화해하는 과정 또한 보여줘야 합니다. 두 분이 화해했다면, 화해했음을 자녀에게 명확하게 보여주세요. 부부가 자녀 앞에서 서로 싸웠다가, 자녀가 없을 때 화해하고서는 평소와 동일하게 행동하는 경우가 있습니다. 그러면 자녀는 부모가 계속 싸운 상태라고 생각해서 눈치를 보며 불안해할 수 있습니다. 그러니 자녀에게 "엄마 아빠 이제 화해했어", "엄마 아빠가 서로 사과하고 사이좋게 지내기로 했어"라고 얘기해주십시오. 그러면 아이들은 친구들과 싸우고 화해하듯이, 부모 또한 그렇게 화해했다고 생각해서 이내 안정감을 다시 회복할 수 있습니다.

꽉 막힌 관계를 풀어주는 한마디

자녀가 있는 부모들의 가장 큰 스트레스는 자녀일 것입니다. 저는 전국 각지에서 강의 의뢰를 받기 때문에, 다양한 직업을 가지고 있는 분들을 만나 강의를 하게 됩니다. 자녀를 둔 부모들은 회사원이나 공무원, 학교 직원이나 교수 등 자신의 직업과는 상관없이 자녀와의 관계가 가장 큰 스트레스라고 하소연합니다. 딸이나 아들과의 갈등을 풀기 위해 여러 가지 시도를 해 보지만, 이야기가 잘 안 된다는 겁니다. 게다가 자녀가 자신들과 대화하기도 원치 않는다는 거지요.

우리 아이는 저를 싫어해요

부모들은 자녀가 자신을 싫어한다며 속상해하고 답답해합니다. "저희 아이가 저를 싫어해요", "아이가 저와 이야기하고 싶어 하지 않아요"라고요. 부모로서 자신이 낳아 정성껏 키운 자녀가 자신에게 "엄마 싫어", "아빠 싫어"라고 하면 마음이 매우 아픕니다.

하지만 단언컨대 부모를 좋아하길 원하지 않는 자녀는 단 한 명도 없을 겁니다. 단지 지금 자녀의 마음 안에 서운함과 화가 올라와 있을 뿐입니다. 부모에게 서운하고 실망해서 화가 나는 거지요. 모든 자녀는 죽는 순간까지 부모로부터 사랑을 확인받고 싶어 합니다. 이러한 마음은 나이와 상관없이 똑같습니다. 머리가 희끗희끗한 분들 또한 자녀로서 부모에게 사랑받고 싶은 마음은 같은 거지요.

따라서 자녀와의 관계를 변화시키고, 자신에 대한 자녀의 마음을 변화시키고 싶다면, 현재 자녀의 마음 안에 있는 화나 서운함을 밖으로 드러내 주어야 합니다. 상처받아 서운하고 화난 감정을 해소하도록 도와준다면, 자연스럽게 내면에 숨어 있던 부모에 대한 애정과 사랑의 감정이 떠오르게 됩니다. '미안해', '사랑해', '함께 이야기 나누고 싶어', '함께하고 싶어'라고요.

형제자매와 비교하는 것 자체가 상처다

형제자매가 있다면, 성장하는 과정에서 자연스럽게 비교당하며 자라는 것이 당연하지요. 공부를 잘하는 형이나 누나와 비교되어 자주 야단맞기도 하고, 뭐든 스스로 잘하는 동생에게 비교되어 잔소리를 듣기도 합니다. 부모 또한 '안 그래야지' 하면서도 둘 이상을 함께 키우는 환경에서는 '이 아이는 안 그런데, 저 아이는 왜 저럴까?'라는 마음이 자연스럽게 들게 됩니다. 속으로 끊임없이 자녀들을 비교하고, 때로는 자신도 모르게 은연중에 비교하는 마음을 드러내기도 합니다.

그런데 문제는 이러한 비교가 긍정적인 자극을 주어 더 열심히 하게 만들기도 하지만, 부정적인 자극을 주어 열등감을 유발하기도 한다는 것입니다. 그러면 아이는 경쟁에서 이기기 위해 자신의 장점이나 우월한 점을 찾아 매달리지요. 어떤 분은 키가 크고 잘생긴 남동생보다 인정받기 위해 공부에 매달렸고, 어떤 분은 공부를 잘하는 언니 때문에 외모를 예쁘게 가꾸는 일에 매달렸습니다.

비교하는 것 자체가 상처를 줍니다. 비교를 당하는 입장에서는 자신이 판단의 대상이 된 것처럼 느껴져 불쾌할 수 있습니다. "형은 공부 잘하는데 너는 왜 그래?", "동생은 잘생겼는데 너는 못생겼어"와 같이 비교되는 것은 속상한 일입니다. 비교당해서 서러운데, 비난까지 받게 되면 정말 화가 나지요. "형은 혼자 알아서 저렇게 잘하는데, 너는 왜 이것밖에 못 해?", "동생은 예쁜데 넌 너무 뚱뚱해. 그러니까 그만 먹고 운동해서 살 좀 빼"라는 얘기를 들으면 자신도 모르게 화가 치밀어 오르지요.

비교를 당한 자녀들은 "우리 부모는 차별해"라고 얘기하면서 서러움과 억울함을 호소합니다. 어떤 자녀들은 형제자매에 비해서 자신이 받은 게 적다며 부모에게 어떻게든 받아야겠다고 벼르기도 합니다. "나는 부모에게 못 받은 게 많아." "나는 부모에게 꼭 죽기 전에 받아내야겠어." 한 여성분은 자신이 엄마에게 준 선물을, 엄마가 편애하던 자신의 오빠 집에 보낸 것을 알고 그동안 엄마에게서 받지 못했던 서러움과 억울함이 폭발했습니다. "어떻게 엄마는 그럴 수 있어? 평생 그렇게 오빠만 예뻐하고 챙기더니, 이제는 내가 준 선물까지 오빠에게 줘? 그러고도 엄마가 내 엄마야? 나 어디서 주워 온 것 아냐?"

부모 입장에서는 아무리 공평하게 하고 모두를 예뻐한다고 해도, 자녀가 둘 이상인 경우 어쩔 수 없이 자연스럽게 마음이 더 가는 자녀가 있기 마련입니다. 그러나 두 자녀 모두를 위해서라도 가능한 이를 드러내지 않으려 노력하십시오. 그렇다고 거짓말을 하라는 건 아닙니다. 마음 안에 그러한 편애가 있다고 말하지 말라는 것입니다. 티 내지 않으려 노력하는 것이 중요합니다. 오히려 거짓말이 들통 나서 불신까지 생길 수 있으니까요.

부모와 자녀 관계를 회복하는 방법

상처받은 사람이 가장 듣고 싶어 하는 말은 바로 "미안해"라는 한마디입니다. 이는 부모와 자녀 관계에서도 마찬가지입니다.

> 40대 후반 남성인 영호 씨는 어릴 때 양육과정에서 어머니에게 크게 상처를 받았습니다. 그런 영호 씨는 청소년기부터 늘 어머니를 비난했습니다. 사소한 일에도 어머니에게 트집을 잡고 화를 냈으며, 어머니에게 상처가 될 수 있는 말과 행동만 골라 하는 듯했습니다. 어머니는 아들과의 관계에서 늘 위축됐고, 아들의 비위를 맞추면서 숨죽이며 살았습니다. 70대 노인이 된 영호 씨의 어머니는 영호 씨가 언제 화를 내고 비난할지 몰라서 더욱 긴장하며 살았습니다.

그런데 영호 씨의 어머니는 자신이 아들에게 잘못한 게 많다는 것은 알았지만, 진정으로 무엇이 아들을 힘들게 했을지는 잘 알지 못했습니다. 그러던 어느 날, 어떤 계기로 자신이 양육과정에서 아들에게 정말 잘못했으며 그것이 아들에게 지금까지도 영향을 미치는 크나큰 상처가 되었음을 깨닫게 됐습니다. 영호 씨의 어머니는 깊은 회한의 눈물을 흘리며 영호 씨에게 진심 어린 미안함을 느꼈습니다. 몇 개월이 지난 새해의 첫날, 영호 씨의 어머니는 문득 용기를 내어 아들에게 사과해야겠다는 생각이 들었습니다. 그래서 처음으로 장문의 사과 문자를 보냈지요. 물론 무뚝뚝한 아들은 답장하지 않았습니다.

그렇게 몇 주 시간이 흘러 영호 씨가 자신의 차로 어머니를 모시고 둘이서만 가는 상황이 있었습니다. 영호 씨는 평소와 달리 어머니를 향해 비난하거나 화내지 않았습니다. 오히려 처음으로 진지하게 자신의 이야기를 했습니다. "엄마만 보면 화가 나고, 앞으로도 화가 계속 올라오는 것은 어쩔 수 없을 것 같아." 영호 씨의 어머니는 "엄마가 정말 미안해. 그리고 괜찮아. 내 아들인데 뭐"라고 말해줬습니다.

이 짧은 대화를 시작으로 영호 씨에게서 조금씩 변화가 일어났습니다. 어머니를 걱정하는 안부 전화를 하기 시작했고, 혼자 사는 어머니의 집에 관심을 갖고 어머니가 부탁하지 않았는데도 자발적으로 부품을 사와 집수리를 했습니다. 또한, 놀랍게도 영호 씨는 어머니에게 더 이상 비난하거나 화내지 않았습니다.

부모의 역사를 공부하라

혹시 이유도 모른 채, 이별 통보를 받았거나 회사 입사에 불합격됐던 적이 있나요? 사람들은 상처로 인한 정서적 고통 외에도, 왜 그런 상처를 받게 됐는지 이해하지 못해서 힘들어합니다. "너를 사랑하니까 너를 보내줄게", "이유는 묻지 마. 그냥 우리 헤어져"라고 말하는 것이 멋있게 헤어지는 법이라 생각하는 사람이 있지요. 그러나 그건 착각일 뿐입니다. 받는 사람 입장에서는 그런 태도만큼 원망스럽고 불쾌한 경우가 없지요. 이별 통보를 받은 것도 상처이고 서러운데, 왜 그런 통보를 받게 됐는지 이유조차 모른다면 정말 답답해서 미치고 환장할 노릇이지요. 이처럼 왜 상처받게 됐는지 이해하지 못할 때, 더욱 고통스럽습니다.

부모와 자녀 관계에서 받는 상처도 마찬가지입니다. 그렇기 때문에 상처에 대한 이해가 필요한 것입니다. 자녀들은 부모의 말이나 행동에 상처를 받는데, 왜 부모가 그러한 말이나 행동을 자신에게 해서 상처를 줬는지 도무지 이해가 안 됩니다. 남도 아니고 자신을 낳았고 돌봐줘야 하는 부모가, 자신이 잘되기를 바라고 도와줘야 할 부모가 왜 자신이 안 되기를 바라고 그토록 힘들게 만들었는지 이해가 되지 않습니다. 혹시나 나를 낳은 부모가 아니라면, 내가 주워 온 자식이라면 그나마 조금이라도 이해해볼 텐데 말이지요. '부모는 나를 보호해주고 지켜줘야 하는 존재인데, 엄마가 어떻게 그럴 수 있어?', '아빠는 정말 나쁜 사람인거야?' 하며 이해할 수 없고 용서할 수 없어서 힘들어합니다.

그런데 부모 또한 과거에 상처받은 존재일 뿐입니다. 부모도 미숙했던 부모로 인해 상처를 받았었고, 그 상처로 인해 다시 자신의 자녀에게 상처를 주게 되는 것입니다. 부모도 우리와 똑같이 상처받은 존재인 겁니다.

저는 성장하는 동안 아버지에게서 많은 상처를 받았습니다. 아버지의 행동을 도무지 이해할 수 없어서 힘들었지요. 제 생각에 아버지는 분명 굉장히 이상한 사람이었습니다. 그러니까 그럴 수 있을 거라고 생각했지요. 그렇게 서울대학교에서 심리학을 공부하고, 석사과정에서 본격적으로 상담심리학과 임상심리학을 공부하게 됐을 때 제가 제일 먼저 하고 싶었던 것은 저희 아버지가 정말 이상한 사람이 맞는지 확인하는 것이었습니다. 심리평가 수업시간을 통해 MMPI라는 진단검사를 배우게 됐습니다. 저는 심리학 연구의 일환으로 설문지 작성이 필요하다고 설명하며, 아버지에게 우편으로 검사용지를 동봉하여 보냈습니다. 아버지는 연구에 참여한다고 생각하고 정성스럽게 설문을 작성해서 보냈고, 저는 그 결과를 떨리는 마음으로 확인했습니다. 결과는 20여 년간 믿었던 것과는 너무나 달랐습니다. 아버지는 지극히 정상 범위에 있는 사람이었고, 전혀 이상한 사람이 아니었습니다.

> 연지 씨는 어릴 때부터 아버지에 대한 갈등으로 힘들어했습니다. 연지 씨는 결혼하고 나서 일하지 않고 거의 집에서 쉬었던 아버지의 무책임함에 화가 났습니다. 아버지는 직장에서 조금이라도 자존심 상하는 일이 있으면, 가족 부양에 대한 책임은 고려하지 않고 망설임 없이 퇴사해버렸습니다. 그러던 연지 씨는 20대 중반에 처음으로 아버지의 역사를 알게 됐습니다. 8남매의 장남인 아버지는, 가세가 급격히 기울자 자신의 대학 입학도 포기한 채 부모 대신 일곱 명의 동생들을 뒷바라지하고 결혼시켰습니다. 정작 본인은 마흔이 될 때까지 결혼도 하지 않고 일만 했습니다.

연지 씨는 아버지의 역사를 통해, 그동안에 보아 온 아버지의 모습이 처음으로 이해가 됐습니다. '너무나 소진이 되어서 자신의 가정에서는 힘을 쓰지 못했구나'라고요. 아버지가 더 이상 책임감으로 힘들어하고 싶지 않았을지도 모르겠다는 생각이 들었습니다. 그렇다고 용서가 됐을까요? 그렇지는 않습니다. 이해된다고 해서 용서를 할 수 있는 것은 아닙니다. 다만 마음이 한결 편해지는 것을 느꼈습니다. 연지 씨는 "진작 말을 해주지. 그랬더라면 이렇게 힘들지는 않았을 텐데"라고 말합니다.

30대 중반의 수련 씨는 늘 아버지의 주사와 폭력으로 힘들었습니다. 그러나 아버지의 폭력보다 수련 씨를 더욱 힘들게 한 것은 힘든 성장기 동안 자신을 아버지로부터 지켜주지 못했던 어머니에 대한 원망이었습니다. 그러다가 어머니의 역사를 살펴보게 됐는데, 그동안 보지 못했던 어머니의 모습이 제대로 보이기 시작했습니다. 어머니 또한 가부장적인 가정에서 위축되고 소극적으로 자랐고, 아버지의 폭력에 시달려야 했으며, 감당하기 힘든 사건까지 겪으면서 가정 안에서 자기 자신을 추스르기에도 버거웠을 거란 사실을 깨닫게 됐습니다.

수련 씨는 그제야 어머니를 이해할 수 있었습니다. "그래서 엄마는 늘 정신이 없어 보였군요. 자기 자신을 버텨내기도 힘들었겠네요. 제게 관심을 갖고 저를 보호해줄 수도 없었겠네요." 미안한 마음도 들었습니다. "엄마한테 미안해져요. 나 또한 엄마를 지켜주지 못했어요. 늘 원망만 하고. 엄마도 엄청 힘들었을 텐데 말이에요."

부모에게 받은 상처로 힘이 들고 아프다면, 부모의 역사를 조사해 보세요. 직접 부모를 인터뷰할 수도 있습니다. 부모의 부모인 조부, 조모, 성장기, 개인사 등을 들어보세요. 학창시절은 어땠는지, 어떤 경험이 기억나는지 물어보세요. 이렇게 부모의 가족과 성장기와 개인사를 들어보면, 현재의 모습이 이해가 되는 경우가 상당히 많습니다.

반대로 여러분에게 상처받은 자녀가 있다면, 부모로서 자녀에게 여러분의 역사를 이야기해주세요. 어떤 부모들은 어떻게 구차하게 그런 일이 있었다고 변명을 하냐며 극구 난색을 표합니다. "내가 그럴 수밖에 없었다는 이야기를 하는 게 너무 구차해서 말하지 않았어요. 그냥 미안하다고만 했죠."

부모를 미워하길 원하는 자녀는 결코 없습니다. 비록 구차하게 느껴지더라도 자녀를 위해서 여러분의 이야기를 들려주세요. 자녀는 받은 상처를 이해할 수 없을 때 더욱 고통스럽습니다. 부모의 역사는 부모에 대한 이해를 돕습니다. 부모에게 받은 상처를 없앨 수는 없으나, 내적 갈등을 감소시키고 부모 자녀 관계에 긍정적인 변화를 불러옵니다.

기질이나 성격 차이를 분석하라

40대 초반의 민주 씨는 자신을 비난하기만 하고, 자신의 힘든 감정은 전혀 받아주지 않았던 어머니에 대한 원망이 많습니다. 어머니를 이해할 수 없어 힘들어하던 민주 씨는 MBTI라는 성격 검사를 통해, 자신과 어머니의 성격을 분석해 봤습니다. 민주 씨는 감정이 풍부하고 이를 중요시하는 성격인 데 반해, 어머니와 언니, 그리고 여동생은 모두 이성을 중요시하고 감정이 메마른 타입이었습니다.

그러니 어머니를 비롯한 가족들은 민주 씨를 이해할 수 없었고, 감정을 표현하고 호소하는 민주 씨를 향해 "이게 무슨 그럴 만한 일이야? 좀 이성적으로 생각해"라고 비난하기 일쑤였던 것입니다. 민주 씨는 늘 억울했고 수용 받지 못한 것에 화가 났습니다. 자신이 느끼는 감정을 스스로 믿을 수 없었고 자신감이 없었으며 확신하지 못해 감추려고만 했습니다.

30대 초반인 선희 씨는 호소합니다. "엄마는 제게 비난하는 말을 서슴지 않았고, 제 감정을 알아주지 않았어요." 선희 씨는 TCI라는 기질 검사를 통해 자신과 어머니의 기질이 어떻게 다른지 이해해 보기로 했습니다. 검사 결과, 선희 씨는 사회적으로 민감한 정도가 98%인 데 반해, 어머니는 10%였습니다. 또한 선희 씨는 다른 사람들과 협력해서 잘 지내고자 하는 마음인 연대감이 85%인 반면, 어머니는 5% 수준으로 매우 낮게 나왔습니다. 이러한 결과를 통해, 선희 씨는 주변 사람들의 감정이나 반응에 지나치게 민감한 편이지만, 어머니는 전혀 관심이 없고 민감하지 않다는 것이 밝혀졌습니다.

그러니 어머니는 선희 씨의 정서적 상태를 알아주지 않았고, 공감해주기 어려웠으며, 오히려 상처가 될 수 있는 반응을 자주 할 수밖에 없었던 겁니다. 또한, 어머니는 인내심이 적어 불편한 것을 참지 못하고 선희 씨를 서슴없이 비난했지만, 선희 씨는 인내심이 굉장히 높아 어머니와의 관계에서 불편하고 고통스러운 것을 모두 견뎌낼 수 있었습니다. 선희 씨는 그런 어머니의 곁을 결코 떠나지 않았습니다.

이러한 기질 검사 결과를 통해 선희 씨는 알게 됐습니다. 그토록 어머니와 친밀한 관계를 형성하고 싶었고 정서적 공감을 받고 싶었으나, 어머니는 결코 선희 씨가 원하는 것을 충족시켜 줄 수 없는 사람이라는 것을요. 선희 씨는 "저는 엄마와의 관계에서 상처받을 수밖에 없는 구조라는 것을 검사를 통해 깨달았어요"라고 말했습니다.

이처럼 기질이나 성격 차이를 아는 것은 부모와 자녀의 관계 양상을 이해할 수 있도록 돕습니다. "왜 엄마는 그렇게 하는데?", "왜 아빠는 나에게 그렇게 했는데?"라는 질문에 답을 할 수 있게 되지요. 선희 씨는 어머니가 자신에게 원하는 것을 줄 수 없는 사람이라는 것을 알게 됐다고 말합니다. 그래서 그동안 끊임없이 기대하고 상처받았다면, 이제는 어느 정도 포기하는 마음이 들었다고요.

이렇듯 부모와 자녀 사이에는 여러 가지 상처가 있고 아픔이 존재하지만, 서로를 이해할 수 없어서 더욱 고통스러운 지점이 있습니다. 그런데 부모의 역사를 이해하고 부모와 자녀 간의 성격과 기질 차이를 알게 되면, 부모와의 관계 양상과 그 관계에서 자신이 받은 상처들을 이해할 수 있게 됩니다.

선해소 후대화 : 부모 자녀 관계

부모로부터 받은 상처를 이해한다고 하더라도, 상처받은 아픈 감정은 그대로 남아 있습니다. 그러니 부모 자녀 관계에서 상처받은 감정을 해소할 수 있도록 도와야 합니다. 표면에 자리하고 있는 상처받은 감정을 먼저 거두어 내야 하지요. 그런 다음, 대화를 통해서 마음을 표현하고 이해하는 과정이 필요합니다.

남편과 자신은 모두 학창 시절에 공부를 썩 잘하는 편은 아니었지만, 두 아들 다 일류 대학에 입학시켰던 어머니를 알고 있습니다. 두 아들은 성품까지 훌륭하여 주변에서 모두 칭찬 일색이었지요. 저는 그 어머니에게 도대체 아이들을 어떻게 대했길래 그렇게 훌륭하게 키워낼 수 있었는지 물었습니다. 그 어머니가 제게 했던 대답이 굉장히 기억에 남습니다. “많은 사람들이 저만 보면 비법을 물어봐요. 근데 생각해 보면 비결은 하나였던 것 같아요. 남들처럼 학원을 그렇게 보낸 것도 아니고, 공부를 시킨 것도 아니에요. 그저 어릴 때부터 늘 아이들과 대화를 지속적으로 하려 했어요.” 그렇습니다. 대화는 가장 훌륭한 양육법입니다. 물론 알면서도 쉽지 않은 것이 자녀와의 대화이기도 합니다.

Chapter 5

행복도 불행도 되풀이된다

부모의 불행이 반복되는 이유

성장하는 동안 부모에게 상처를 많이 입은 사람들은 '나는 절대 부모 같은 사람과 결혼하지 않을 거야'라고 깊게 다짐하곤 합니다. 이들은 부모와는 다른 남자나 여자를 결혼 배우자로 찾습니다. 아버지가 무뚝뚝했다면 자상한 남성을 찾거나, 어머니가 가정보다 일에 많은 시간을 할애했다면 좀 더 가정적인 여성을 찾게 되지요. 이렇듯 배우자를 찾을 때는 부모에게 없어서 아쉬웠던 면을 지닌 이성을 찾습니다.

그런데 많은 분들이 이런 이야기를 합니다. "저는 분명히 아버지와 정반대인 남자를 선택했어요. 그런데 살면 살수록 남편은 아버지와 너무 비슷해요." "아내가 갈수록 어머니와 비슷해져요." 사람들은 배우자를 고를 때 부모와 다른 사람을 신중하게 고르고 고르지만, 살다 보면 그렇게 고른 남편이 아버지와 너무나 닮았고 아내가 어머니와 무척 비슷하다는 것을 깨닫게 됩니다. 그 순간 우리는 소름이 끼칩니다.

도대체 왜 그럴까요? 첫 번째 이유는 우리가 친숙한 상대를 배우자로 선택하는 것에 있습니다. 사람들은 친숙한 것을 선호하고 낯선 것을 불편해합니다. 아버지가 무뚝뚝하고 아내나 자녀들에게 잘하지 않았던 경우, 자상한 남성이 낯설게 느껴져서 매력을 느끼지 못합니다. 오히려 거칠게 행동하거나 무뚝뚝한 남성에게 매력을 느끼고 끌리지요. 분명히 자신을 위해서라면 겪어보지 못한 다정다감한 남성을 선택해서 남은 인생을 보상받아야 하지만, 자신이 겪어왔던 친숙함에 끌려서 거칠고 무뚝뚝한 남성을 배우자로 선택하는 여성이 적지 않습니다. '다른 사람'을 골랐다고 자신하지만, 자신도 모르게 그 사람이 지닌 부모와 '비슷한 점'에 이끌립니다.

두 번째 이유는 우리가 부모를 닮아가는 데 있습니다. 사람들은 흔히 아들은 아버지를 닮고, 딸은 어머니를 닮는다고 말합니다.

수현 씨는 친정어머니처럼 생활력이 강하고 똑똑하며 경제적 능력이 있습니다. 무능했던 아버지가 싫어 수현 씨는 의식적으로 성실한 사람을 남편으로 선택했습니다. 그런데 처음엔 남편이 그러지 않았지만, 점차 아내인 수현 씨의 경제력에 의존하는 태도를 보였고 경제적 활동보다는 자아실현에 힘쓰는 데 에너지를 투자했습니다. 수현 씨는 "남편이 갈수록 아버지와 비슷해져요"라고 하소연합니다.

수현 씨가 엄마를 닮아가니 그에 대한 반응으로 남편이 아버지를 닮아가는 겁니다. 부부 관계는 상호보완적이기 때문이지요. 한 쪽 배우자가 지나치게 덤벙거리고 잘 놓치면, 다른 쪽 배우자가 원래 그런 사람이 아니어도 더욱 꼼꼼해지고 챙기는 면이 생깁니다. 한 쪽이 돈을 펑펑 쓰고 경제개념이 없으면, 다른 쪽 배우자가 원래 그 정도는 아닌데도 경제개념에 더욱 신경을 쓰고 돈 관리를 보다 잘하게 되는 것도 같은 경우이지요.

배우자에게 부모를 기대한다

우리는 일생을 함께할 배우자를 매우 신중하게 선택합니다. 바로 그 한 명이 자신과 삶을 함께하게 될 테니까요. 그래서 배우자에게 많은 기대를 하는 것은 자연스러운 일이지요. 그러나 결국 이러한 기대가 실망을 낳고 갈등을 유발하게 됩니다. 그 수많은 기대 중 첫 번째는 우리는 배우자를 통해서 자신의 친숙한 원가족의 재탄생을 기대한다는 것입니다.

1남 1녀 중 막내딸인 지민 씨는 성장기 동안 아버지의 사랑을 듬뿍 받으며 자랐습니다. 아버지는 무뚝뚝한 오빠보다 귀엽고 사랑스러운 지민 씨를 편애하고 애지중지했지요. 원하는 것은 무엇이든 들어줬고, 항상 어린아이처럼 대하며 다정하게 챙겼습니다. 지민 씨는 자신을 무척이나 사랑하고 잘해주는 아버지가 정말 좋았고, 남편도 아버지처럼 자신을 대해주길 기대했습니다. 그러나 남편은 어디까지나 남편이고 아버지가 될 수 없듯이, 남편은 지민 씨가 원하는 대로 해줄 수가 없었지요. 지민 씨는 점차 남편에게 실망하게 됐고, 자신의 좌절에 대해 끊임없이 불평을 늘어놓았습니다. "자기는 왜 그것밖에 못 해? 나한테 좀 더 다정하게 해주면 안 돼?" "이건 자기가 다 챙겨야 하는 것 아냐? 이걸 힘들게 나보고 직접 하라고?"

2남 1녀 중 막내아들인 지호 씨의 어머니는 가정주부였습니다. 어머니는 조신하고 현모양처라는 평을 자주 들어왔고, 손맛이 좋아 항상 진수성찬을 차렸으며 자식들을 이해하고 묵묵히 기다려줬지요. 지호 씨는 전문직을 가진 아내를 선택했지만, 아내에게 어머니의 모습을 기대했습니다. 그 결과, 아내가 차리는 식사에 실망했고 아내의 덤벙거리는 행동에 화가 났지요. 또한, 잘못을 수긍하기보다 자기주장을 하는 아내를 수용하기 어려워서 자주 갈등을 겪었습니다.

우리는 정신을 차리고 내 곁에 있는 배우자를 바라봐야 할 필요가 있습니다. 혹시 남편에게 아버지를 기대하나요? 혹시 아내에게 어머니를 기대하나요? 곁에 있는 남편은 남편일 뿐 결코 아버지가 될 수 없으며, 아내는 아내일 뿐 어머니가 아닙니다.

부모에게 못 받은 것을 보상받기 기대한다

우리는 자라는 동안 부모에게 받아야 했는데 받지 못했다고 생각하는 것을, 새롭게 꾸리는 가정에서 받을 수 있지 않을까 기대합니다. 사실 이러한 기대는 일리가 있습니다. 실제로 부모에게 받지 못한 것을 배우자에게 받는 경우가 적지 않기 때문이지요. 부모에게 못 받은 사랑과 인정을 배우자에게서 충분히 받으면 상처가 치유되고 자존감이 채워지며, 안정감을 느끼고 자율성과 유능감이 발휘되기도 합니다. 부모에게 받지 못했던 수용을 배우자에게 받아 치유되기도 하고, 부모에게 받지 못했던 물질적 혜택을 배우자를 통해 실컷 빋기도 하지요.

드라마 〈동백꽃 필 무렵〉에는 주인공 동백이 용식으로부터 생일 축하 이벤트를 받는 장면이 나옵니다. 용식을 계속 밀어내던 동백은 심한 내적 갈등을 겪으면서, 곁에 있던 친어머니에게 성질을 냅니다. 어머니는 어릴 때 동백을 보육원에 버린 후, 늙어서 치매에 걸린 상태로 찾아온 상황이었지요.
"아, 진짜 내가 뭐라고 자꾸 이래. 이게 다 엄마 때문이야. 그러니까 나를 왜 버려? 애를 7살 때부터 기죽어서 살게 하니까 이런 데 넘어가지. 걸을 때 땅만 보고 걷는 사람인데, 이 사람이 자꾸 나를 고개 들게 하니까. 이 사람이랑 있으면 내가 뭐라도 된 것 같고, 자꾸 '잘났다', '훌륭하다' 지겹게 얘기를 들으니까 내가 진짜 그런 사람이 된 것 같아. 그래서 화딱지가 나. 더는 안 참고 싶어진다고."

그렇습니다. 어머니로부터 버림받아 자존감이 낮아진 동백은 늘 위축되어 있었으며 고개를 숙이고 살아왔습니다. 그런데 용식을 만나고 그에게 무한한 칭찬과 사랑의 표현을 받다 보니 동백에게는 점차 자신이 잘났고 사랑받을 만한 사람이라는 생각이 들게 된 것입니다. 자존감이 높아지고 세상에서 무언가를 해낼 힘, 즉 유능감이 생겨났습니다. 이렇듯 부모에게 받지 못한 것은 연인이나 배우자를 통해 얼마든지 채울 수 있습니다. 그러기에 우리는 배우자에게 기대하고 배우자를 통해서 자신의 결핍을 채우려 합니다. 그러나 이러한 마음은 본인이 지금껏 함께해 온 원가족의 연장선이라고 볼 수 있습니다. 원가족의 영향을 계속해서 받는 것이지요.

부모에게 떼를 써본 적 없던 사람은 배우자에게 사소한 것부터 이것저것 요구하고 혼자 실망합니다. 자신마저 부모를 힘들게 하면 안 된다는 생각에 부모에게는 한 번도 요구하지 않았지만, 자신이 선택한 배우자에게는 아이처럼 계속해서 요구합니다. "나 이거 갖고 싶어. 이거 사줘." 그게 정말 갖고 싶다기보다는, 상대가 자신의 부모처럼 원하는 것을 들어주고 챙겨줬으면 하는 마음이 있는 거지요. 어떤 남성은 부모에게 진로에 대한 부담을 주지 않기 위해 대학을 마치자마자 회사에 취직했지만, 결혼한 후 아내에게는 직장을 관두고 대학원에 가겠다고 칭얼거립니다. 아내가 자신의 뒷바라지를 해주길 바라는 것이지요. 이처럼 사람들은 부모에게 하지 못했던 것을 배우자에게는 기대하고, 이를 충족하길 바랍니다.

부부는 서로의 결핍을 채우면서 함께 성장한다

아이는 양육과정에서 자신의 공격성과 같은 부정적인 측면까지 양육자가 수용해주기를 바랍니다. 부모가 자신의 그러한 측면까지 수용해주는 것을 알게 되면, 부모와 안정되고 친밀한 관계를 형성하게 되지요. "내가 떼를 쓰고 못되게 행동해도 나를 사랑해주네", "내가 잘못을 해도 나를 버리지 않는구나"와 같은 수용을 경험하며 아이는 부모에게 더욱 솔직해질 수 있게 됩니다. 자신의 부정적인 모습, 다른 사람에게 보여주기 부끄러운 모습을 감출 필요가 없는 것이지요. 있는 그대로의 모습을 보여도 관계에서 수용되고 이해받는다는 경험을 통해, 관계에서 안정감을 얻습니다.

그러나 이를 확인하지 못하면, 부모의 기대에 맞춰 연기하듯 행동할 수 있습니다. 한 청소년 친구가 이렇게 얘기했습니다. "사실 저는 문제집 푸는 걸 좋아하지 않는데, 제가 정답을 잘 맞히면 엄마가 기뻐해서 열심히 하려고 해요. 안 그러면 엄마가 실망할까 봐 두려워요. 때로는 틀려도 맞힌 것처럼 답을 보고 채점해놓기도 하고요." 자녀는 부모가 자신에게서 좋아하는 모습을 확인하면, 그런 모습을 계속 보여야 자신을 사랑하고 그렇지 않으면 사랑하지 않을 거라는 의심을 품게 됩니다. 그렇지 않은 모습을 보여도 부모가 여전히 자신을 수용하고 사랑한다는 것을 확인하면, 부모에게 더욱 솔직하고 자유로워질 수 있지요. 하지만 이를 확인할 기회를 얻지 못하게 되면, 계속 감추거나 연기를 하게 됩니다.

성장하는 동안 부모에게 이를 확인받지 못하면, 우리는 한 번이라도 누군가에게 있는 그대로의 모습으로 수용 받기를 기대합니다. 그래서 배우자에게는 다른 사람에게 보이지 않을 법한 모습을 보이며, 그래도 자신을 사랑하는지 확인받고자 하지요. 때로는 이러한 마음이 마치 '이래도 나를 사랑해?'라는 식의 테스트로 나타나기도 합니다.

한 여성분은 연애 후반부터 결혼 초까지 남편에게 계속 못되게 굴었다고 합니다. 다른 사람들에게는 한없이 친절했지만, 남편에게는 자꾸만 화를 내고 과도한 요구를 했지요. 이 여성분은 살아가는 동안 누구에게도 자신의 부정적인 모습을 보인 적이 없었습니다. 부모가 너무나도 미숙하고 무책임한 사람들이었기에 자신이 오히려 부모를 돌보는 역할을 해왔던 것입니다. 물론 사회적 상황에서도 수용 받기 위해 좋은 모습만을 보여야 했지요. 그러나 남편에게만은 그러고 싶지 않았습니다. '남편에게만은 내가 하고 싶은 대로 하고 싶어요", "그러면 안 되는데 남편을 괴롭히고 싶어요. 못되게 굴고 싶어요"라고 말합니다. '내가 이렇게 하는데도 나를 계속 수용하고 받아주는지 확인해 보고 싶어요'라는 마음 때문이지요.

그런데 양육과정 자체가 정말 힘든 겁니다. 부모라고 자식을 키우는 일이 쉬운 건 아닙니다. 그 고통을 견디며 감내하는 거지요. 그러나 부모라도 자신이 감당할 수 있는 수준을 벗어나면 관계를 포기해야겠다는 생각을 가질 수 있습니다. 그러니 배우자에게 부모의 역할을 지나치게 기대하지 마세요. 동등한 관계에서 서로 존중하며 관계를 맺어가야 합니다. 서로 주고받는 관계이어야 하지요. 부부는 어떤 역할에 경직되어 있기보다는 융통성을 가진 관계여야 합니다. 때로는 한 쪽이 아이가 되어 사랑받고 인정받기를 원한다면 다른 쪽 배우자가 건강한 어른이 되어서 "잘했어요. 예뻐요"라고 반응해 줄 수 있어야 하고, 반대로 다른 쪽이 아이가 되길 원한다면 반대쪽이 건강한 어른이 되어 그 욕구를 채워줄 수 있어야 하지요. 그럴 때 부부는 서로의 결핍을 채우면서 함께 성장할 수 있습니다.

감정 스타일이 다르다

부부에게 흔히 발생하는 갈등의 원인으로 서로 다른 감정 스타일을 들 수 있습니다. 여성은 상처를 받거나 불쾌한 감정이 들면 이를 다른 사람에게 표현해 공감을 얻고자 하지만, 남성은 관련 문제나 상황을 해결하려는 행동을 취합니다. 이런 감정 스타일의 차이로 인해, 아내는 주로 남편에게 자신이 경험한 일을 이야기하고 불쾌한 감정을 표현하면서 감정을 푸는 반면, 남편은 주로 혼자 고민하다 문제를 해결하고 돌아오는 경우가 많습니다.

여기에서 부부 갈등이 발생하지요. 아내는 직장에서 속상했던 일에 관해 이야기하는데 남편은 "그건 네가 그렇게 행동을 하니까 그 사람이 그렇게 행동을 한 거지"라고 지적하고 비난합니다. 또는 "이렇게 말해봐. 그리고 이렇게 행동해"

라고 조언합니다. 아내는 화가 나서 "나를 그것도 모르는 바보라고 생각하는 거야?" 하며 남편을 비난합니다. "당신은 나를 이해하지 못해", "그래, 너 잘났다"와 같은 비난을 들으면, 남편 입장에서는 억울합니다. 자신에게 효과적이었던 감정 스타일대로 아내를 도와주려고 말한 건데, 비난만 받으니 당황스럽고 억울하지요. 아내 입장에서는 공감을 얻으려고 말한 건데 비난과 지적, 조언을 들으니 화가 납니다. 모두 남성과 여성의 감정 스타일이 달라서 생긴 갈등입니다.

다른 상황을 예로 들자면, 아내 입장에서는 무슨 일이 생겼을 때 혼자 해결하고 자신에게 공유하지 않는 남편이 서운하게 느껴질 수 있습니다. 아내는 이렇게 말하지요. "우리 부부 아니야? 왜 이야기를 안 해? 당신이 그렇게 혼자 해결하려 할 때, 난 혼자가 된 것 같아서 외롭고 서운해."

그래서 부부는 서로가 어떻게 다른지를 이해하고, 그 다름을 인정하며 서로에게 맞출 필요가 있습니다. 아내는 솔로몬이 되려는 남편에게 "내 얘기를 먼저 들어주세요. 그리고 공감해주세요"와 같이 자신이 원하는 감정 스타일을 알려주고, 남편은 서운해하는 아내에게 "내게 시간을 주고 기다려주세요. 당신을 외롭게 하려는 건 아니에요"와 같이 자신의 감정 스타일을 알려줘야 서로 상처받지 않을 수 있습니다.

애착을 두고 벌이는 겁쟁이 게임

부모를 떠나 새로운 가족을 만든 부부가 가장 충족하고 싶어 하는 근본적 핵심 욕구는 '친밀감'입니다. 친밀감은 인간이 살아갈 때 필요한 안정감의 바탕이 되지요. 친밀감이 확보되지 못하면 고립감과 외로움이 느껴지고, 그 고통으로 인해 불안하고 두렵습니다. 그래서 사람들은 삶에서 일차적으로 친밀감을 확보하고자 애쓰며, 친밀한 대상을 찾습니다.

배우자는 친밀감을 얻는 가장 기본적인 애착 대상이다

친밀감은 애착 대상을 통해서 경험됩니다. 애착이란 가장 가까운 사람과 연결된 것 같은 강하고 지속적인 정서적 유대를 말하지요. 사람은 애착 대상을 통해 친밀감을 느끼길 원합니다. 친밀감이 없는 외롭고 고립된 상태, 애착 대상이 없는 상실의 상태는 가장 고통스러운 상태이니까요. 애착 대상이 없는 고립감과 상실감 자체가 큰 상처가 됩니다.

이처럼 애착 대상을 갖고자 하는 것은 인간의 타고난 욕구이고, 배우자는 정서적 애착을 얻을 수 있는 가장 기본적 애착 대상이 됩니다. 그렇게 배우자는 안전 기지이자 안식처가 되지요. 가정 안에서 배우자와 있을 때 안전함을 느꼈다가, 다소 긴장된 마음으로 사회나 직장에 나가서 다른 사람들을 만나 대인관계를 맺고 일을 처리해 나갑니다. 즉, 배우자와의 애착을 통해 친밀감을 확보하고, 그 안정감을 바탕으로 직장생활과 다양한 사회생활을 하는 거지요.

사람들은 학교나 직장 등 사회적 영역에서 긴장하며 도전하고 경쟁을 하며 문제를 해결해냈다면, 다시 가정으로 돌아와 애착 대상인 배우자를 통해 안전감과 안정감을 회복하고자 합니다. 소모했던 배터리를 충전시키는 거지요. "나 오늘 힘들었어", "나 좀 안아줘", "나 좀 잘했다고 해줘"라고 배우자에게 요구합니다.

그런데 배우자를 통해 이러한 친밀감과 정서적 애착의 욕구를 충족하지 못하게 되면 실망하게 되고 우울해지고 분노하게 됩니다. 살아가기 위해서 배터리를 충전해야 하는데, 충전기가 제대로 기능하지 못하니 난감하고 불안하고 화가 나지요.

부부 갈등은 애착에서 비롯된다

부부 갈등은 이렇게 애착에서 비롯됩니다. 배우자에게 기대하는 애착이 좌절될 때 사람들은 고립감과 외로움을 느끼며 고통스러워합니다. 실망하고 좌절하고 화가 나면서 갈등이 시작됩니다.

정서적 애착은 남성보다 여성에게 좀 더 중요한 편입니다. 여성은 배우자에게 정서적 애착을 직접 느끼고 싶어 하고 이를 확인하려 하지만, 남성은 밖에서 일하는 것이 곧 가정 안에서 인정받는 것이라고 생각합니다. 일만 잘하면 가정 안에서 자신의 일을 다 하는 것이고 아내에게 수용될 수 있다고 생각하지요. 그러한 모습이 오히려 아내의 정서적 애착을 충족시키지 못하는 결과를 낳습니다. 그래서 아내는 남편을 비난하고 화를 내지요. “당신에겐 일밖에 없지? 나는 당신에게 아무것도 아닌 거야?”라고 하면 남편은 부담스러워하며, 아내의 요구를 충족하려고 어느 정도 애써 보지만 부담되고 피곤할 뿐이지요.

배우자가 자신이 원하는 애착 반응을 보이는데도 정서적 애착이 충족되지 않는 경우도 있습니다. 배우자가 “난 당신을 사랑해. 당신밖에 없어"라고 말하지만, 만족하지 못하지요. 사랑과 애정을 표현하는데도 왜 만족하지 못할까요?

살다 보면 좀 지나치다 싶은 반응을 보이는 사람들이 종종 있습니다. '저 사람이 화날 만은 한데, 그렇게 심하게 화날 일이야?' '내가 잘못하긴 했는데, 그렇게 죽일 놈은 아닌 것 같은데 왜 저러지?' 이렇게 지나치다 싶은 경우에는 사실 그 대상에 대한 마음이 아닌 경우가 많습니다. 정서적 애착도 마찬가지입니다. 부모와의 관계에서 정서적 애착이 제대로 충족되지 못해 배우자의 표현에도 쉽게 만족하지 못하고 불안해하고 두려워하는 겁니다. '나를 사랑한다고 하는데, 정말 나를 사랑하는 것이 맞을까? 그냥 말뿐인 건 아닐까?' 바로 엄마에 대한 감정 귀신, 아빠에 대한 감정 귀신이 주변을 맴돌고 있는 것입니다. 이렇듯 부모에 대한 감정 귀신은 우리에게 영향을 미쳐 정서적 애착을 충족시키지 못하게 합니다.

애착을 위해 매달리거나 위축되거나

친밀감과 정서적 애착을 어떻게든 충족시키기 위해 배우자에게 매달리기도 합니다. 배우자에게 원하는 반응을 달라고 계속해서 떼를 쓰지요. 배우자가 자신을 사랑하는지 늘 확인받고자 하는 경우도 있습니다. 그러다 보니 상대가 무심코 한 말이나 행동에 지나치게 의미를 부여하고 실망하며 우울해합니다. '이젠 나를 사랑하지 않아. 난 아무도 없어'라고 슬퍼하고, 상대를 향해 "당신은 나를 사랑하지 않아. 당신에게는 일밖에 없지?"라고 비난합니다.

요구하고 매달리는 배우자가 부담스러운 상대 배우자는 회피로 반응하기도 합니다. 배우자와 함께 있는 자리를 피하거나, 매달리는 행동을 비난하기도 합니다. 부담되니까 그러지 좀 말라고 하지요. 결국 애착 욕구를 충족시키기 위해서 매달리지만, 그런 행동이 더욱 애착을 충족시키기 어렵게 만드는 것입니다. 애착 욕구가 좌절되어 배우자에게 화를 내고 비난하는 악순환이 반복됩니다.

반대로, 배우자와의 정서적 유대감을 유지하기 위해 소극적으로 위축되는 경우가 있습니다. 당당하게 자신의 정서적 애착 욕구를 충족시켜달라고 요구하지 못합니다. 자기주장을 하지 못하고 상대에게 순응하지요. 이렇게라도 배우자와 이어져 있는 정서적 끈을 유지하고자 하기 때문입니다.

배우자에게 보이는 애착 양상은 부모와의 관계에서 보인 애착 양상과 유사한 경우가 많습니다. 만약 부모가 비판적이고 냉정한 편이었으면, 이 관계에서 버림받지 않기 위해 부모의 말에 무조건 순응하면서 관계를 유지하고자 합니다. 이 관계 패턴이 배우자와의 관계에서 그대로 나타나게 되지요.

애착을 확인시켜라

그래서 부부 관계에서 일어나는 갈등을 줄이고, 관계를 회복하기 위해서는 애착을 확인하거나 확인시켜줘야 합니다. 갈등할 때는 상대를 비난하거나 말꼬리를 잡는 경우가 많습니다. 그러한 비난에 상처를 받아 더욱 화가 나고, 말꼬리를 잡는 것이 말싸움으로 번지게 되지요. 그런데 사실 이때 오가는 비난의 말이나 말꼬리를 잡는 것은 진심이 아닌 경우가 많습니다. 이렇듯 서로에 대한 진정한 마음은 노출하지 않으면서, 상대방이 내뱉은 말과 행동을 붙잡고 비난합니다. 그 말이나 행동에 상처받고 아파합니다. '저렇게 행동하는 것은 나를 사랑하지 않기 때문이야.' '그 사람은 나를 존중하지 않고 무시해.' '더는 나에게 관심도 없어.' '저렇게 말하는 건 내게 애정이 없기 때문이야.'

이렇듯 진심이 아닌 표면에 오가는 말이나 행동에 초점이 맞춰져 오해가 생기고 서운하고 화가 나는 겁니다. 하지만 부부가 서로에게 확인하고자 하는 것은 서로에게 정서적 애착과 유대감이 있는지 입니다. 즉 애착 욕구의 충족이 핵심입니다. 사실 부부간에 오가는 비난이나 말싸움의 본래 목적도 배우자가 자신을 존중하고 사랑하는지를 확인하고자 하는 경우가 많습니다. 그러니 배우자에게 돌려 말하지 말고, 직접 애정을 표현해주세요. 부끄럽고 쑥스럽고 어색하다고 표현하지 않는 경우가 많은데, 이것을 확인하기 위해서 그토록 오랜 시간 싸우는 거라면 불필요하게 상처를 주고받지 말고 직접 마음을 표현해주세요.

서로에 대한 애정과 존중을 명확하게 표현하세요. "여보, 내 표현이 서툴지만, 난 당신을 사랑해요", "나는 당신을 무시하거나 함부로 하려는 것이 아니에요. 당신을 존중해요", "난 당신을 여전히 좋아합니다"라고요. 솔직하게 얘기하는 겁니다. 기대하는 애착을 확인시켜 줬을 때, 수많은 갈등이 해소되고 서로를 불필요하게 할퀴고 물어뜯는 일이 줄어들게 됩니다. 사랑하고 존중하는 마음을 직접 표현해서 조금이라도 더 행복하게 더불어 살아갔으면 합니다.

비난은 견고한 댐도 무너트린다

부부 갈등의 본질은 애착이고, 관계 회복을 위해서는 서로에 대한 애정과 존중을 표현하는 게 핵심이라는 것을 알았습니다. 그러나 서로에 대한 애정과 사랑이 있다 할지라도, 그 마음을 확인했다고 하더라도 관계 회복이 어려운 경우도 있습니다.

50대 후반 부부인 남편 재홍 씨와 아내 진숙 씨에게는 30년 넘게 반복되어 온 부부 갈등의 패턴이 있습니다. 서로의 감정 스타일이 달라서 생긴 문제입니다. 이번에도 두 사람은 갈등하고 난 뒤, 노력 끝에 서로에 대한 마음을 직접 표현하여 확인했습니다. 그토록 원했던 애착을 확인함으로써 갈등이 해소되는 것 같았습니다. 그러나 문제는 그때 터졌습니다. 더 이상 남편 재홍 씨는 아내 진숙 씨가 하는 비난을 견딜 수 없었습니다. 가슴이 두근거리고 심하게 불안해져 아내 진숙 씨와 함께 있기가 두렵습니다. 상처를 크게 받은 재홍 씨는 진숙 씨가 한 비난의 말들이 자꾸만 떠올라, 가슴이 아프고 답답합니다.

비난은 상처를 유발합니다. 상처가 발생했는데 스스로 치유하지 못하면, 그 상처는 곪아터지고 말지요. 남편 재홍 씨는 여느 한국 남성들이 그러하듯이 상처로 인한 아픔을 스스로 어떻게 다뤄야 하는지 몰랐습니다. 그저 참고 묵묵히 버티면 된다고 생각했지요. 그렇게 참고 버텨왔는데, 이제는 자신이 담아낼 수 있는 그릇의 범위를 벗어나 버린 것입니다. 또한, 재홍 씨는 중년이 지나면서 이제는 잘나가는 직장인이 아니었습니다. 자존감은 낮아졌고, 상처를 감당할 수 있는 힘이 적어졌습니다.

아내와 겨우 화해를 하면서 갈등이 해결되는 것 같았으나, 긴장이 풀리면서 재홍 씨에게는 억눌러 놓았던 상처가 올라오기 시작했습니다. 그동안의 상처들이 덧나기 시작했고, 쓰리고 아팠지요. 30년 동안 해 왔던 아내의 비난은 결국 남편에게 치명상을 입히고 말았습니다.

이처럼 비난이 주는 상처가 너무 커지면 관계는 돌이킬 수 없을지 모릅니다. 서로 사랑하지만, 배우자의 외도에 신뢰가 깨져 큰 상처를 받는 경우도 있습니다. 부부 관계에서 흔히 할 수 있는 비교와 비난은 자존감에 상처를 입히고, 상처는 치명적인 정서적 고통을 유발하여 관계 회복을 어렵게 하지요. 그렇기 때문에 부부 관계에서는 서로에게 상처가 되는 말이나 행동을 하지 않도록 조심해야 합니다. 외도와 배신은 신뢰를 손상시켜 관계 회복을 어렵게 만듭니다.

그렇다고 상처를 절대로 치유할 수 없는 것은 아닙니다. 전문 상담을 통해서 치유할 수 있고, 제가 알려드리는 상처 치유 방법을 통해서도 상처를 치유할 수 있습니다. 그러나 대부분의 사람들은 상처를 치유하는 전문적인 방법을 모르기 때문에, 상처가 그대로 남아 있는 경우가 많지요. 따라서 헤어질 게 아니라면, 배우자에게 가능한 상처를 주지 않도록 노력해야 합니다. 여러분을 위해서, 그리고 부부 관계를 위해서, 가정을 위해서 말입니다.

대화에도 안전장치가 필요하다

부부 관계를 개선하기 위한 대화를 해 보신 적 있나요? 그때 여러분은 어떻게 대화를 했었나요? 그 대화는 어떻게 흘러갔습니까? 왜 그렇게 되었을까요? 부부가 대화를 통해 나은 방향으로 가기 위해서는 무엇을 지켜야 하고, 무엇을 이야기해야 한다고 생각하십니까?

영화 〈결혼 이야기〉는 주인공 찰리와 니콜이 별거와 이혼을 준비하면서 겪는 과정을 그렸습니다. 이들은 서로를 여전히 좋아하면서도 결국 이혼하게 됩니다. 이야기는 찰리와 니콜 부부가 이혼을 위한 법정 소송에 들어가면서 시작됩니다. LA에서 자란 니콜은 촉망받는 배우였지만, 뮤지컬 감독인 찰리를 만나 결혼하고 뉴욕에서 아들 헨리와 함께 살아갑니다. 니콜은 결혼생활에 대한 회의를 느끼면서 별거와 이혼 소송까지 가게 되지요. 찰리가 성공 가도를 달리는 반면, 니콜은 배우와 연출에 대한 꿈, LA에서의 삶 등 자신의 욕구들이 모두 좌절됐기 때문입니다. 니콜은 어느 순간 자신의 욕구가 스스로에게 굉장히 중요함을 깨닫고, 이를 위한 유일한 길은 이혼뿐이라고 생각하게 되지요.

찰리는 자신의 성공에 집중한 나머지, 아내 니콜에게 관심이 없었고 아내가 무엇을 원하는지 알려고 하지 않았습니다. 그러던 중 예상치 못하게 별거를 하게 되고, 그 기간에 외도까지 하게 됩니다. 영화에서 찰리는 이러한 과정을 깊이 생각하지 않고, 무엇이든 자기 뜻대로 하려는 사람으로 그려집니다. 결국 니콜과의 이혼 소송 과정에서 아내와 아들을 잃고 커다란 경제적 비용 등을 잃은 후에야, 자신에게 가정이 얼마나 중요하고 니콜이 무엇을 원했는지를 깨닫게 되지요.

영화에서는 니콜과 찰리가 여전히 서로를 아끼고 애정이 있음을 보여줍니다. 그렇지만 둘은 결국 이혼을 선택하게 되지요. 왜 그랬을까요? 서로의 갈등에 대해 자신의 마음을 제대로 이야기한 적이 없었기 때문입니다. 니콜은 자신의 서운함, 허무함, 외로움, 분노 등의 정서적 고통을 말로 표현하지 않고 비난하고 비아냥거리는 식으로 툭툭 전달했습니다. 당연히 찰리는 화가 나서 니콜에게 방어적인 태도를 보였지요. 니콜은 찰리가 보이는 태도를 보고, 그가 자신에게 관심이 없고 자신의 이야기나 욕구를 들어주지 않을 거라고 단정 지어 버립니다.

즉 니콜과 찰리는 서로 제대로 된 감정 대화를 하지 않았습니다. 니콜은 자신의 정서적 고통과 무엇을 진정으로 원하는지 제대로 전달한 적이 없었습니다. 그저 찰리의 무관심한 반응을 '이기적'이라고 단정 지으며 탓했지요. 찰리 또한 이 과정이 얼마나 고통스럽고 가정이 자신에게 얼마나 중요한지 전달하지 않았습니다. 상대를 비난했을 뿐이지요. 니콜과 찰리 모두 마음을 솔직하게 전하지 않았던 것입니다.

먼저 상대를 향한 비난을 멈춰라

서로 사랑하더라도 서로에 대한 비난이 심하게 축적되면 회복할 수 없는 상황에 이릅니다. 비난은 상처와 그로 인한 아픔, 정서적 고통을 유발하지요. 그 아픔을 스스로 치유할 수 없다면, 그리고 더 이상 담아낼 수 없다면 관계 자체를 회복하기 어려울 수 있습니다.

그래서 상대를 비난하지 않는 것이, 대화의 사전조건이 되어야 합니다. 비난은 분노를 유발하고, 상대방으로 하여금 보복을 위한 비난을 다시 유발할 뿐입니다. 비난은 비난을 낳고, 또 비난을 낳는 악순환의 고리에서 빠져나오지 못하게 됩니다. 결국 서로에게 남는 건 상처뿐이지요.

그러니 먼저 비난을 멈추십시오. 배우자를 향한 비난을 멈추는 것이 대화를 가능하게 하는 시작입니다. 대화를 위한 안전장치를 마련하는 것입니다.

자신의 감정을 '나 전달법'으로 솔직하게 표현하라

부부 관계에서 보이는 감정은 대부분 이차적 감정인 경우가 많습니다. 일차적 감정은 자극에 즉각적으로 반응하는 감정인 반면, 이차적 감정은 이러한 일차적 감정을 본인이 받아들이기 어려울 때 받아들일 법한 다른 감정으로 바꿔서 느끼는 것을 말합니다. 본래의 모습을 감추고 가면을 쓰는 격이지요. 사실은 두려운데 화를 내고 있거나, 실제로는 화가 나는데 슬퍼하는 것입니다.

반대로 실제로는 화가 나는데 이를 받아들이지 못하고 불안과 두려움으로 느끼기도 합니다. 이는 자녀가 성장하는 과정에서 자주 나타납니다. 부모에게 받은 상처 때문에 화가 나지만, 부모에게 화를 내면 안 된다고 생각하거나 화를 들키면 보복당할까 봐 두려워 불안이라는 감정으로 느끼는 겁니다. 또는 인간관계에서 사실은 상대에게 화가 나지만, 그것을 들키면 상대가 자신을 싫어할까 봐 두려워 화를 억누르면서 두려움으로 느끼는 경우도 많습니다.

부부 관계에서 외로움을 느끼지만, 이를 받아들이지 못하고 외로움을 누른 채 자신이 받아들일 수 있을 만한 자신감으로 바꾸어 느끼기도 합니다. "난 괜찮아. 난 혼자서도 잘해"라고 반응합니다. 그러면 배우자 입장에서는 상대의 외로움을 살피고 충족시켜 줄 필요를 느끼지 못하지요.

배우자에게 자신의 감정을 '나 전달법i-message'으로 솔직하고 구체적으로 표현해 보십시오. 나 전달법이란 상대방에 관해서 이야기하는 것이 아니라, 나 자신의 감정에 관해서만 이야기하는 것입니다. "나는 섭섭하다", "나는 화가 난다", "나는 서운하다", "나는 외롭다", "나는 슬프다"와 같이 말입니다. 그런데 여기서 중요한 것이 있습니다. 이렇게만 이야기를 하면 상대방은 "네가 섭섭한 게 나 때문이야?", "네가 화나는 게 나 때문이야?"라고 방어적으로 반응할 수 있습니다.

감정은 어떤 자극이나 상황에 대해 판단, 즉 생각을 했기 때문에 발생합니다. 생각이 감정을 유발한 원인이지요. 상대방이 그런 행동을 해서 내가 화나는 게 아니라, 상대방의 행동에 대해 어떤 생각이 들었기 때문에 화나는 겁니다. 그것을 구체적으로 전달해야 상대방은 방어를 풀 수 있습니다. "나는 당신이 내 질문에 대답을 잘 해주지 않으면 나를 무시한다고 생각돼서 속상하고 섭섭해요." "당신이 자꾸 밤늦게 들어오는 게 나와 함께 있고 싶지 않아서라고 생각돼서 서운하고 자꾸 슬퍼져요."

자신의 욕구를 솔직하게 전달하라

서로 싸울 때 사소한 말이나 행동에 기분이 상해서 "어떻게 그런 말을 할 수 있어?", "어떻게 그런 행동을 할 수 있어?"라고 화를 냅니다. 그러나 핵심은 그 말이나 행동이 아니라 내면의 그런 말이나 행동을 하게 된 욕구에 있습니다. 관심이 없고 욕구가 없다면 감정은 느껴지지 않습니다. 관심이 있고 바라는 것이 있어서 감정이 상하는 겁니다. 상대에게 자신이 관계에서 진정으로 원하는 것이 무엇인지 솔직하게 전달하세요. 대화의 핵심은 바로, 자신이 진정 무엇을 원하는지를 전달하는 겁니다. 그래야 관계에서 상처가 반복되지 않을 수 있으니까요.

"난 당신이 내게 무관심한 태도를 보일 때마다 내가 당신에게 아무것도 아닌 것 같아서 외로워요. 내가 원하는 건 당신이 내게 관심을 가져주는 거예요. 나에 대한 애정을 표현해주면 좋겠어요. 내 질문에 답을 해주면 좋겠어요." "난 당신이 비난할 때면 내가 보잘것없고 무능한 사람인 것처럼 생각돼서 힘들어요. 난 당신이 내 무뚝뚝한 태도를 조금만 더 이해해주면 좋겠어요. 그리고 비난하지 않았으면 좋겠어요."

상대의 욕구를 가능한 충족시켜라

관계에서 불쾌한 감정을 느꼈다면 바라는 게 있기 때문입니다. 부부이기에 서로 바라는 것을 충족시켜 주도록 노력할 필요가 있습니다. "당신의 질문에 대답하도록 노력할게요." "당신에게 관심과 애정을 전달하도록 노력할게요." "당신을 다른 사람과 비교하거나 비난하지 않을게요." 이렇듯 가능한 구체적으로 말하는 것이 효과적입니다.

서로 다른 사람들이 같은 공간에서 함께 살아가는 것 자체가 굉장히 어려운 일입니다. 저희 부부도 여러 가지 갈등이 있었고, 매번 대화를 통해 고비를 하나씩 하나씩 넘겨 갔습니다. 이때 제가 가장 신경 썼던 것은 대화하면서 비난하지 않는 것이었지요. 그리고 상대에 관해서 얘기하는 것이 아니라, 제 감정에 관해서 얘기하려고 애썼습니다. 제가 원하는 바를 전달하려고 노력했지요. "여보. 저를 존중해주면 좋겠어요"와 같이요.

그리고 부부 관계 회복의 핵심인 애착 욕구를 충족시키기 위한 구체적인 말과 행동을 정하고 의식처럼 행하십시오. 예를 들어, 출근하거나 취침할 때와 같은 특정 시간에 서로에 대한 애정을 확인할 수 있는 뽀뽀나 포옹과 같은 스킨십과 "여보. 사랑해요"와 같은 애정을 표현하는 말을 하기로 정하는 것입니다. 그래서 매일 의식처럼 실행함으로써 서로에 대한 애정을 주고받는 거지요. 이는 부부 관계를 개선하는데 굉장한 도움이 됩니다.

Chapter 6

거저먹는 사랑은 없다

낭만적 사랑의 두 얼굴

수많은 이야기들이 사랑을 말합니다. 라디오나 텔레비전에서 흘러나오는 노래도 대부분 사랑 노래이지요. 이렇게 사랑은 우리 삶 곳곳에 자리하고 있습니다. 그런데 사랑이 뭘까요? 어떤 사람들은 사랑이 무엇인지 도대체 모르겠다고 합니다. 그래서 자신이 그 사람을 사랑하는지 모르겠다고 하지요. 사랑의 정의를 살펴보면, 사랑이란 어떤 사람을 아끼고 소중하게 여기는 마음입니다. 그러니 누군가를 아끼고 소중하게 여긴다면 사랑하는 마음이 있는 거지요.

사랑에는 여러 가지 모습이 있습니다. 그 가운데 연인과의 관계에서 이루어지는 낭만적 사랑을 이야기해 보려 합니다.

연애한 적이 있다면 그 시절을 떠올려보십시오. 어떠셨나요? 남자와 여자가 만나 낭만적 사랑에 빠지게 된다면 어떨까요? 설레고 마음이 꽉 찬 것 같고 구름 위를 걸어 다니는 것처럼 들뜨고 행복한 느낌에 빠져듭니다.

그런데 이 사랑이 그리 오래가지 않는다는 것을 경험해 보셨을 겁니다. 설레는 사랑은 식고 상대방에게 불편한 마음이 자리하게 되지요. 사랑에는 유효기간이 있기 때문입니다. 여러 사랑의 종류 중 낭만적 사랑은 사실 화학적 반응입니다. 사랑에 빠지면, 몸 안에 페닐에틸아민이 분비되어 행복감에 젖어 들게 됩니다. 페닐에틸아민은 자연적 암페타민으로 안락함을 느끼게 하지요. 그런데 페닐에틸아민의 수명은 일반적으로 2년을 넘기지 못합니다. 그래서 낭만적 사랑의 유효기간은 보통 2년 정도입니다. 이 기간이 지나면 눈에 씌워진 콩깍지가 벗겨지면서 연인의 단점들이 서서히 보이기 시작합니다.

사랑의 이러한 성질 때문에, 사랑은 우리에게 강력한 치료제로 작용합니다. 모든 것이 사랑으로 해결되는 것 같고, 절대 바뀌지 않을 것 같던 세상이 변화하는 것 같고, 자신과 세상이 나아지는 것 같습니다. 이런 행복감을 통해서 긍정적인 마음이 생겨납니다. 긍정적인 마음은 일과 인간관계 등 모든 영역에서 대체로 좋은 결과를 얻게 만들지요.

사랑하게 되면 자신감이 생기고 자존감이 높아집니다. 사랑받는 내가 괜찮은 사람으로 여겨지지요. 그러니 누군가를 사랑하고 있다면 부모님이든 친구든 연인이든 마음껏 사랑하세요. 사랑하는 사람을 아끼고 소중하게 대하며 보살펴 주세요. 속으로 아껴두지 말고 사랑한다고 표현하세요. 우리 모두 누군가에게 그러한 힘을 줄 수 있습니다.

그런데 사랑은 만병통치약 같은 치료제지만, 우리를 아프게도 합니다. '병 주고 약 준다'는 말이 있지요. 사랑의 관계가 형성되면 상대방에게 기대가 많아집니다. 이 사람이 나에게 이것도 해줬으면, 저것도 해줬으면 하고 기대하게 되지요. 이 사람이 나에게 이런 존재가 되어야 하지 않을까 하는 기대를 하게 됩니다. '일보다 나를 더 소중하게 생각해 줬으면.' '내가 원하는 것에 관심을 갖고 맞춰줬으면.' '나만 사랑해줬으면.'

또한, 연인에게 자신이 원하는 연인의 모습이 되기를 기대하고 요구하지요. '좀 더 예쁘고 멋있었으면', '좀 더 살림을 잘했으면', '좀 더 음식을 잘했으면', '좀 더 이해심이 많고 자상했으면', '좀 더 능력 있고 돈이 많았으면', '좀 더 자신감 있고 일에서 뛰어난 모습을 보였으면' 하고 바랍니다. 그러나 기대는 서운함과 실망감을 부릅니다. 결국, 기대로 인해 다양한 갈등이 생기고 다투게 되기 마련이지요.

짝사랑에도 갈등이 있다

사랑하면 실망하고, 사랑하면 상처받고, 사랑하면 갈등이 생기기 때문에 사랑은 하지 않고 짝사랑만 하겠다는 마음을 갖기도 합니다. 짝사랑은 한쪽만 하는 사랑이라서 서로 사랑할 때 생기는 갈등이 없다는 장점이 있습니다. 실망하고 서운할 일이 없지요. 멀리서 바라보니까 그 사람은 언제나 예쁘고 멋있습니다. 멀면 잘 보이지 않아서 좋은 것만 보게 되지요. 바라보기만 해도 설레고 좋아하는 마음이 듭니다. 그러나 사람은 겪어봐야 압니다. 그래야 그 사람이 가지고 있는 다양한 면을 알게 되지요.

그런데 짝사랑이라고 갈등이 없을까요? 그렇지 않습니다.

짝사랑 또한 감정이기에, 감정이 가진 속성으로 인해 갈등이 발생할 수밖에 없습니다. 사랑의 감정이 계속 올라오면 그 감정은 어떻게든 몸 밖으로 표현되어 나가고 싶어 합니다. 사랑의 감정이 커질수록 밖으로 표현되고자 하는 충동도 커지는데, 그렇게 하지 못하니 답답하기만 하지요. 또, 사랑을 주기만 할 뿐 받지를 못해서 무척 외롭습니다.

그렇다면 왜 짝사랑을 하게 될까요? 고백했다가 거절당할까 봐 두렵고, 서로에게 실망할까 봐 두렵기 때문입니다. 이처럼 상처받는 것에 대한 두려움 때문에 짝사랑에서 멈추는 경우가 종종 있지요. 그런데 상처로 인한 아픔은 감정을 해소하는 작업을 통해 얼마든지 사라지게 할 수 있습니다. 그러니 상처받는 것을 너무 두려워 마세요. 또한 상처로 생긴 아픔은 다른 사람이 보지 못하는 것까지 볼 수 있도록 만들어주기도 합니다. 다른 사람에 대한 이해도 더 깊어지지요. 상처가 아물면 전보다 더욱 힘 있고 강한 사람으로 성장할 것입니다. 상처로 인해서 여러분이 잃는 게 있다면, 반드시 그 과정을 통해 얻는 게 있다는 것을 기억하기 바랍니다.

사랑에는 항상 대가가 따른다

거저먹는 사랑은 없습니다. 인어공주는 왕자에게 가까이 가기 위해 아름다운 목소리를 포기했고, 왕자를 지키기 위해 자신의 목숨까지 내놓으며 물거품이 됐습니다. 사랑에는 항상 대가가 따릅니다. 우리는 사랑을 얻고 지키기 위해 많은 시간을 들여야 합니다. 매일 연락을 하고 데이트를 주기적으로 하는 등 연인에게 특별한 관심을 기울여야 하지요.

'나를 사랑하면 내가 계속 생각나야 하는 것 아니야?'라고 상대를 의심하지만, 사실 사람마다 기질과 성격이 천차만별로 다릅니다. 어떤 사람은 일에 집중하면 다른 것이 떠오르지 않기도 합니다. 하지만 상대는 서운해하고 자신의 애정 욕구가 채워지기를 원하기 때문에, 의식적으로 그 욕구를 충족시켜 줄 수 있도록 시간에 맞춰 전화하고 문자를 보내는 등의 노력을 일부러 취할 필요가 있습니다. 상대방의 욕구나 감정, 상태 등에 관심을 갖고 표현해줘야 하지요.

돈을 지출해야 하고, 자신의 욕구를 양보하거나 포기해야 하는 순간도 있습니다. 또한, 결혼과 달리 연인 관계는 어떻게 될지 모르기 때문에 늘 어느 정도 긴장 상태에 있게 됩니다. 긴장도 에너지를 쓰는 것입니다. 이처럼, 연인 관계를 유지하기 위해서는 새로운 에너지가 많이 듭니다. 하지만 누군가와 벗이 되어 함께 도와가며 삶을 걸어가니 외롭지 않다는 커다란 장점이 있지요.

가장 매력적인 연인의 조건

어릴 적 읽었던 수많은 동화는 항상 '공주와 왕자는 영원히 행복하게 살았답니다'로 끝이 납니다. 또, 영화나 드라마에서 사랑하는 연인들을 바라보면 '어쩌면 저렇게 예쁘고 멋있으며 고울까'라는 생각이 들지요. 그 사랑은 너무나 고결하고 아름답게 보입니다. 서로를 배려하는 아름다운 사랑의 모습에 나 또한 그러한 사랑을 할 수 있는 짝을 기다리게 되지요. 그런데 현실도 그러할까요? 나와 나의 연인은 사소한 것에 서운해하고, 틈만 나면 무엇인가에 마음이 걸려 티격태격 싸우고 화를 냅니다. 나의 사랑도 동화나 영화 같기를 꿈꾸지만, 현실은 완전히 다릅니다.

사실 그렇게 만나 사랑을 하고 결혼을 하면, 행복하게 산다고 끝나는 게 아니라 본 게임이 시작되는 겁니다. 사랑을 하고 결혼을 하면 수많은 일이 벌어지므로 그 과정을 잘 헤쳐나가는 것이 더 중요하기 때문입니다.

동화나 영화 속에서 그리는 것은, 소위 '완벽'에 해당합니다. 완벽이란 현실에는 존재하지 않는 만들어진 개념일 뿐이지요. 그러니 완벽한 사랑을 꿈꾸면 실망만 할 뿐입니다. 많은 연인과 부부들이 싸우게 되는 이유는 사실 나의 사랑과 나의 연인은 이럴 것이라고 기대했다가 그러지 못하니 서운하고 화가 나는 것에 있습니다. 특히 많은 여성들은 결혼하면 영화나 드라마에서 보는 것처럼 서로 알콩달콩 예쁘게 사랑하며 살아갈 거라 기대합니다. 그러나 현실은 무뚝뚝함과 무관심으로 채워져 가지요. 기대가 여지없이 깨지면서 실망하고 상처를 받습니다.

결혼생활에서 겪는 대부분의 위기는, 결혼생활에 대한 기대로 인한 실망과 배우자를 비난하고 싶은 마음에서 옵니다. 비난하고 탓하는 마음 때문에 싸움이 빈번해집니다. 그러다 보면 싸우면서 하는 말과 행동에 서로 상처를 받고, 또 돌아오는 배우자의 반응에 상처를 받아 갈등의 골이 깊어집니다. '왜 저 사람은 이럴까?', '왜 이렇게 해주지 못할까?', '다른 커플은 그러지 않는 것 같은데 우리는 왜 그럴까?' 하고요. 그런데 밖에서 보면 다른 커플들이 예뻐 보이지만, 그 안으로 들어가 보면 서로 지지고 볶고 다투며 살아가는 것은 크게 다르지 않습니다.

문제는 부족한 면이 아니라 태도에 있다

우리는 모두 완벽하지 않습니다. 불완전하고 부족한 존재이지요. 그러니 모두에게 부족한 측면이 있는 것은 당연합니다. 문제는 그 부족한 면에 대해 부정적인 평가를 할 때 발생합니다. '그런 면이 있으면 안 되는데', '그런 면은 나쁜 건데'와 같이 부정적으로 평가하면 그것에 매이게 됩니다. 콤플렉스란 이처럼 자신의 부족한 측면을 부정적으로 여기고, 그것에 지나치게 매이는 태도를 말합니다. 이러한 태도는 자신의 생각, 행동, 감정 등에 영향을 미치지요.

그중 외모 콤플렉스는 자신의 외모를 부정적으로 여기는 태도가 생각이나 행동, 감정 등에 영향을 미치는 것을 말합니다. 자신의 외모를 부정적으로 여기기 시작하면 그것이 여러 가지로 영향을 끼칩니다. 동화 〈미녀와 야수〉를 보면, 외모를 중시하던 왕자는 자신의 잘생긴 외모를 자랑하고 그렇지 못한 다른 사람들을 무시했습니다. 그러다 마녀에 의해서 흉측한 모습으로 변하게 됩니다. 왕자는 사람들이 자신의 모습을 무서워하고 싫어할 거라고 생각하며 꼭꼭 숨었습니다.

야수는 다른 사람이 싫어하기 전에 자신이 밀쳐내겠다는 마음에, 먼저 사람들을 무섭게 대하며 밀어냈습니다. 야수는 벨을 좋아하지만, 벨 앞에 나서지 못하고 숨었습니다. 자신의 외모를 싫어해서 벨이 도망가 버릴 것이라 생각했기 때문이지요.

외모 콤플렉스를 지닌 사람은 많은 것을 외모 탓으로 돌립니다. 소외감을 느낄 때도 외모 때문에 자신을 따돌린다고 생각하고, 존중받지 못했다고 생각되면 자신이 못생겨서 무시당한다고 결론 내립니다. 수많은 이유가 있을 텐데도 제대로 된 이유를 알아보려 하지 않고 모든 것을 외모 탓으로 돌리죠. 이와 비슷하게 능력 콤플렉스는 모두 '내가 무능력해서 그렇게 되는 거다'라고 능력에 원인을 돌리는 것입니다. 돈 콤플렉스를 지닌 사람은 '내가 돈이 없어서 저러는 거다'라고 생각하지요.

사실 사람들은, 그리고 연인은 상대의 외모나 부족한 측면이 아니라 오히려 그것에 매여 부정적으로만 생각하는 모습에 답답해하고 실망합니다. 외모 자체가 아니라 외모에 대한 태도, 즉 외모 콤플렉스가 사람들을 불편하게 만들고 실망하게 만듭니다. 그렇게 다른 사람들이 답답해하고 실망해서 돌아서면 저 사람도 나의 부족한 면 때문에 그런다고 생각합니다. 그러니 답답하고 환장할 노릇이지요.

태도가 가장 중요한 것입니다. 자신의 외모를 인정해 보세요. '난 눈이 작아', '난 키가 작아'라고요. 자신의 부족한 부분을 인정하는 건 굉장히 용기 있는 일입니다. 이런 모습은 여러분을 당당하고 자신감이 넘치며 멋있어 보이게 합니다. 부족한 부분도 매력적으로 느껴지게 만들지요. 오히려 '멋있다', '당당하다'라고 생각하게 됩니다. 사람들은 당당한 사람을 굉장히 좋아합니다. 부족한 부분을 인정하는 용기는 대단한 것이며 특별하고 멋진 능력입니다. 그러니 용기 있는 태도를 지니려고 노력해 보세요.

배려와 이해가 가장 큰 매력이다

사랑하고 사랑받고 싶으신가요? 심리학 연구 결과에 따르면 사람들은 성실한 사람, 정직한 사람, 책임감 있는 사람, 유쾌한 사람, 유머러스한 사람을 좋아합니다. 여기에 추가로, 이해심 많은 사람, 사려 깊은 사람, 따뜻한 사람, 친절한 사람을 굉장히 좋아하지요. 연애할 때는 특히 이 마지막 측면들이 굉장히 파워풀한 영향을 미칩니다.

〈미녀와 야수〉에서 야수는 벨이 좋아하는 꽃을 따서 선물하고, 가족을 그리워하는 벨을 가족에게 보내줍니다. 야수는 벨의 마음을 헤아리려 노력하고 친절하게 대해주지요. 벨은 야수의 따뜻한 마음에 감동해 결국 그를 사랑하게 됩니다.

저는 살면서 배려하는 마음이 이성 관계에서 얼마나 커다란 영향을 미치는지를 자주 경험했습니다. 학창시절, 키는 굉장히 작지만 여자들에게 인기가 매우 많은 한 남자 선배가 있었습니다. 저를 포함한 주변의 여성들 대부분은 선배를 좋아했습니다. 그분의 매력은 이해심과 배려심이 많다는 점이었습니다. 그 선배를 보면서 사랑에는 결코 외모가 중요한 것이 아니라는 사실을 다시 확인했지요. 한 여자 후배는 굉장히 수수한 외모였지만, 예쁜 여학생들을 제치고 과에서 가장 인기 있는 여학생이었습니다. 많은 남자 후배들이 그녀를 좋아했습니다. 이유를 물어보니 그 후배가 가지고 있는 이해심 많고 배려하는 마음에 반했다고들 하더라고요.

그런데 왜 우리는 이런 사람들에게 매력을 느낄까요? 미운 아기 오리는 자신의 생긴 모습 때문에 오리들 사이에서 수용 받지 못해 외로웠고, 가는 곳마다 눈치를 보며 긴장했습니다. 험난한 여정 끝에 미운 아기 오리를 인정해주는 백조를 만나고 나서야 자신의 모습을 그대로 수용 받아 편안해졌고 행복했습니다. 더 이상 다르게 살려고 애쓰지 않아도 됐기 때문이지요.

여러분은 어떤 모습을 가지고 있는지 한번 들여다보세요. 많은 분들이 자신의 모습도 모른 채, 다른 사람들이 원하는 것에 반응하고 사회에서 요구하는 기준을 따르려고 애쓰며 살아갑니다. 그러나 우리는 내 모습 그대로 살 때 가장 편안하고 행복합니다. 내 모습대로 살면 에너지가 들어가지 않는데, 다른 모습대로 살려고 하면 에너지가 굉장히 많이 들어가지요. 사회에서 요구하는 기준들과 규범들을 충족시키기 위해서, 그리고 요구되는 또는 내가 바라는 모습으로 행동하기 위해 연기하느라 많은 에너지가 들어갑니다. 그렇기에 적어도 내 연인과 있을 때만이라도 있는 그대로의 내 모습대로 살고 싶습니다. 그 누군가가, 나의 연인이, 나의 사람이 나타나 주기를 간절히 바랍니다. 그래서 자신을 이해해주고 수용해주는 사람을 만나면, 감동을 받고 저절로 사랑의 눈빛이 흘러나오게 되는 겁니다.

안전한 대상이 되어주세요

그렇다면 반대로 사람들은 어떤 사람을 싫어할까요? 앞서 언급한 심리학 연구에 따르면, 사람들은 예의 없는 사람, 적대적인 사람, 편협한 사람, 이기적인 사람, 욕심이 지나치게 많은 사람, 말 많은 사람, 불성실한 사람, 불친절한 사람, 거짓말하는 사람을 싫어했습니다. 이 특성들을 자세히 살펴보면 공통점이 있습니다. 모두 자신이 상처받을 가능성이 크고, 자신의 욕구를 충족시키기 어려운 상대라는 것입니다. 한마디로 내가 안전하지 않은 상대라서 싫어하는 겁니다. 그러니 여러분이 누군가에게 안전한 대상이 되어주세요. 다른 사람에게 친절하고 따뜻하게 대한다면, 그 사람에게 사랑받을 가능성이 커집니다.

먼저 다가가보세요

사람들은 대부분 굉장히 소심합니다. 혹시라도 상대방이 자신을 싫어할까 봐 걱정하고, 무엇인가 잘못될까 봐 조바심 내지요. 관계에서 새로운 사람을 만나면 '상대방의 취향은 어떨까?', '나랑 잘 맞을까?', '상대방은 어떤 성격일까?', '까칠하고 비판적이지는 않을까?' 하고 궁금해합니다. 자신이 상대방에게 수용 받을 수 있을지, 상처받지 않을 수 있는지 염려하는 거지요.

그러니 여러분이 먼저 용기 내서 좋아해 보세요. 호의적으로 대하고 좋아한다고 말해 보세요. 사실 그 사람도 '나를 수용해줄까?', '나를 좋아할까?' 하고 염려하고 두려워서 망설이고 있을지 모릅니다. 사랑을 시작하고 싶다면 상대를 먼저 좋아하십시오. 사람들은 자신을 좋아해주는 사람을 좋아하기 때문입니다. 자신에게 호의적인 사람과 있으면, 안전함이 느껴지고 자신의 모습을 그대로 보여도 수용 받으니 좋을 수밖에 없지요.

실연의 아픔에서 벗어나는 다섯 단계

혹시 실연을 겪어보셨나요? 그때 어떤 마음이 들었나요? 여러분의 감정은 어떻게 변화했나요? 실연으로 겪는 감정 변화의 단계에 대해 살펴보고자 합니다.

처음에는 부정하는 단계에서 시작합니다. 헤어지자는 통보를 받았을 때 '설마. 우리가 헤어진다고? 아니야. 무슨 사정이 있을 거야'라고 생각하며 실연을 현실로 받아들이지 못합니다.

두 번째는 분노 단계입니다. 실제로 헤어진다는 것을 알았을 때, '나를 사랑한다고 했는데. 어떻게 그럴 수 있어?'라며 연인에 대한 분노가 올라옵니다. '죽여 버릴 거야'와 같이 심한 말이 가득한 문자를 보내거나 주변 사람들에게 상대방의 험담과 욕을 퍼붓기도 하지요. 화가 나서 어떻게든 갚아 주고 싶으니까요. 상대에게 폭력을 행사하는 등 상해를 입혀서 보복하기도 합니다. 심한 경우, 죽이고 싶은 마음을 충동적으로 실행하기도 합니다.

세 번째 단계는 타협 단계입니다. 이별을 인정하지만, 자신이 노력하면 연인의 마음을 바꿀 수 있을 거라고 생각합니다. 무언가 여지가 있을 거라 생각하지요. "내가 잘못했어. 앞으로 달라질게", "뭐든 할게"라며 상대에게 계속 매달리기도 합니다.

네 번째 우울 단계입니다. 결국 달라지지 않는다는 것을 깨닫고 깊은 상실감에 빠지며 우울하고 무기력해집니다. 연인과 함께했던 순간들이 떠올라 고통스럽지요. 연인이 나를 바라보며 사랑스러워하는 눈빛을 다시는 느낄 수 없단 사실에 슬픕니다. 그래서 홀로 방에 틀어박혀 있거나, 술에 절어 있기도 하지요.

마지막인 다섯 번째는 수용 단계입니다. 자포자기 단계와는 다릅니다. 결국 이별을 그대로 받아들이게 되지요. '그래. 그 사람은 떠났고 우리는 끝났어'와 같이 현실을 받아들이게 됩니다. 사랑을 진정으로 떠나보낼 수 있으니 새로운 시작도 가능합니다. 하지만, 수용 단계에 이르기 위해서는 앞의 네

가지 단계를 모두 제대로 거쳐야만 하지요. 그렇지 않으면 아무리 곁에서 받아들이라고 말해도 그것이 와 닿지 않습니다. 감정의 네 단계를 거치면서 화도 내보고 슬퍼도 하지만, 결국 아무리 몸부림쳐도 달라지지 않는다는 것을 몸소 깨달았을 때 현실을 받아들이게 됩니다.

실연은 자존감의 손상을 주는 큰 상처이다

사람들은 실연으로 굉장히 힘들어하고, 삶에 큰 변화를 겪기도 합니다. 그래서 수많은 드라마와 영화들의 단골 주제이기도 하지요. 그러면 왜 실연은 벗어나기 어려운 큰 상처일까요? 바로 실연이 자기 자신에 대한 자존감을 손상시키기 때문입니다. 세상을 버티어 나갈 수 있는 힘인 자존감이 손상되면 힘을 빼앗겨 버리니 주저앉게 됩니다.

연애를 통해 우리는 연인으로부터 중요한 긍정 메시지를 받습니다. 사랑을 통해 자존감이 단단해지지요. '나는 사랑받을 만한 존재야. 난 매력적이야', '나는 괜찮은 사람이야', '나는 좋은 사람이야'라는 메시지를 받으면서 자신에 대한 긍정적 평가를 하게 되고 자존감이 상승합니다.

그러나 실연은 자기 자신에게 부정 메시지를 줍니다. 정반대의 메시지이지요. '내가 보잘것없는 것 같고 매력이 없는 것 같아.' '나는 함께하기에 피곤한 사람인 것 같아.' '나는 사랑받을 만한 존재가 아니야.' 자존감이 손상됩니다. 자신에 대한 존재감이 흔들립니다. 충격적이고 받아들이기 어렵지요. '나 때문이야. 내가 못나서 그래', '그때 좀 더 잘할걸'과 같이 자기를 비난하고, 자책하며, 절망하고 우울해합니다.

실연의 아픔에서 벗어나는 방법

여러분은 실연의 아픔에서 어떻게 벗어날 수 있었나요? 어떤 방법이 효과적이었나요? 한 스님이 실연을 당한 청중의 질문을 받습니다. "제가 실연을 당했습니다. 스님. 너무 힘듭니다. 어떻게 하면 벗어날 수 있을까요?"라고 하니, 그 스님은 "달리 방법이 없어요. 힘들어하세요. 충분히 그 시간을 겪으세요. 시간이 지나면 괜찮아집니다"라고 대답합니다. 물은 이는 스님의 답변을 굉장히 기대했겠지만, 돌아온 말은 허무하기 그지없습니다. 그러나 그 대답을 곱씹어 보면, 내용이 없는 것 같지만 사실 많은 것을 가득 담고 있는 말입니다.

즉 벗어나려면 충분히 아파하고 시간을 가지면서, 아픈 감정의 각 단계를 충분히 겪어야만 한다는 것입니다. 그래야 비로소 실연의 상처에서 벗어나는 단계에 이를 수 있기 때문입니다. 그러니 충분히 아파하세요. 충분히 분노하고 슬퍼하세요. 상대에 대한 여러 가지 마음을 안전하게 해소하시기 바랍니다.

충분히 분노하고 슬퍼하라

이별로 상처받은 감정은 충분히 느끼고 표현해야 사라집니다. 그래야 실연의 아픔이 떠나갈 수 있습니다. 이때 감정은 안전하게 해소해야 합니다. 안전한 대상을 찾거나 안전한 상황에서 또는 안전한 방식으로, 분노나 슬픔을 느끼고 충분히 표현해 발산하세요. 안전한 대상인 친구나 가족 등에게 상대방에 대한 분노나 슬픔을 표현하세요. 또는 안전한 상황인 혼자 있는 방이나 자신의 자동차 등에서 분노나 슬픔을 해소하세요. 방바닥을 긁어가면서, 쿠션을 때리면서 그 분노와 슬픔을 몸 밖으로 꺼내세요. 단, 세 가지 조건을 충족해야 한다는 것 기억하시지요? 감정 단어를 명명하고, 이를 말이나 글, 몸을 이용해 밖으로 꺼내고, 그 감정에 주의를 집중해서 끝까지 따라가세요. 그러고 나면 어느 순간 비워지고, 다시 시작하자는 마음이 듭니다.

안전한 대상이 없다면, 안전한 상황이 아니라면, 안전한 방식으로 분노나 슬픔을 해소하세요. 노래방에서 상처받은 아픔을 해소할 수 있는 노래를 부르면서 자신의 화와 슬픔에 집중하면서 밖으로 꺼내 보세요. 운동할 때도 자신의 화난 감정에 집중하면서 그 감정을 몸을 통해서 밖으로 꺼내어 버린다는 느낌으로 해 보기 바랍니다. 춤출 때도 마찬가지입니다. 자신 안에 있는 분노와 서러움에 집중하면서 그 감정을 춤을 통해 몸 밖으로 꺼내놓는 의식처럼 춰 보세요. 다트나 격투 등의 게임을 통해 화난 감정을 해소할 수도 있습니다. 또는 종이를 상대방이라고 생각하고 갈가리 찢어보세요. 왠지 모를 시원함이 느껴질 겁니다.

이별을 타당화하라

실연으로 인해 상처받은 아픈 감정을 해소하는 작업을 했다면, 이제 이별을 타당화하세요. 이별이 받아들여지지 않아 힘든 것이므로 이별을 그럴 만하다고 타당화하는 것이 도움이 됩니다. 그 구체적인 방법은 이렇습니다.

첫째, 연애하면서 안 좋았던 점을 모두 적어보세요. 어떤 사람들은 좋은 것만 기억하려 하는데, 그러면 이별이 더욱 안타깝게 느껴지고 받아들이기 힘듭니다. 휴대폰 메모장이나 문서에 연애하면서 느꼈던 부정적인 점들을 작은 것까지 모두 낱낱이 적어보십시오. '내가 좋아하는 친구들을 잘 만나지 못해서 관계가 멀어졌다', '그 사람과 연애하면서 내가 좋아하는 머리 스타일을 할 수 없었다', '그 사람과 식성이 맞지 않았다'와 같이 적으세요.

둘째, 상대방의 단점들을 모두 목록에 적어보세요. 연애할 때는 상대방의 단점을 보지 않으려 하고 좋은 점만 보려 하지요. 그러나 깨끗이 정리하기 위해서, 휴대폰 메모장이나 문서에 상대방의 단점들을 모두 찾아 적어보세요. 이때 주변 사람들의 피드백을 받는 게 좋습니다. 자신은 상대방의 좋은 점만 보려 했기 때문에 단점들은 잘 모르는 경우가 많습니다. 그러나 주변 사람들은 잘 봅니다. 다만 여러분이 기분 상해할까 봐 직접 얘기하지 않았던 거지요. 헤어지고 나서 물어보면 그들은 그동안 말하지 못했던 연인의 단점들을 속사포처럼 쏟아낼지 모릅니다.

이 과정을 거치면 연인의 단점들로 인해서 헤어질 수밖에 없었겠다는 생각이 들어 이해가 되기도 합니다. 연인과는 이뤄질 수 없는 관계였음을 깨닫기도 하지요. 만약 여유가 있다면 상대방의 이별 행동을 이해하려는 노력을 해 보는 것도 도움이 됩니다. 그 사람이 왜 이별을 선택할 수밖에 없었는지 말입니다.

셋째, 이별을 타당화할 수 있는 글이나 책, 동영상을 찾아보는 것도 도움이 됩니다. '내가 가지고 있는 모습을 있는 그대로 인정해주는 인연이 좋은 인연이다', '될 인연은 그렇게 힘들게 몸부림치지 않아도 이루어진다'와 같은 글들을 통해 마음이 훨씬 편안해지는 경험을 할 수 있습니다.

자신의 자존감을 복원하라

이별을 타당화했다면 새로운 시작을 위해서 나를 복원해

야 합니다. 실연을 겪고 나면 자존감이 많이 떨어지기 때문에 손상된 자존감을 회복하는 것이 급선무입니다. 자존감을 회복하는 구체적인 방법은 다음과 같습니다.

첫째, 자신의 장점 50가지를 적어보십시오. '식성이 좋다', '치아가 가지런하다'와 같이 사소한 것까지 모두 찾아보세요. 자신의 장점을 작은 것까지 구체적으로 적다 보면 스스로에게 매우 많은 장점이 있다는 것을 알게 됩니다. 평소에는 장점이 별로 없다고 생각하지만, 사실 우리 모두에게는 좋은 점들이 정말 많이 있습니다.

주변 지인들에게 자신에 대한 장점을 알려달라고 하면, 본인이 인식하지 못하는 장점들이 의외로 굉장히 많다는 것을 알게 됩니다. 장점 목록을 만들었다면 매일 시간을 정해 놓고 장점 목록의 내용을 자주 되뇌어 보세요. 이러한 방법을 통해 스스로 세뇌하는 겁니다. 반복해서 읽다 보면 어느새 스스로가 장점이 많은 사람이라고 느껴지게 됩니다. 여러분은 그 사람과 계속 연인으로 있기에는 너무나 아까운 사람입니다.

둘째, 운동이나 음악, 취미 활동 등에 주의를 분산시켜 보세요. 몸이 건강할 때 마음도 건강해집니다. 핵심은 나를 위해 시간을 투자하는 것입니다. 여기에는 나 자신을 가꾸고 건강한 성취를 맛보면서 자존감을 높일 뿐 아니라 주의를 전

연인으로부터 다른 곳으로 돌리는 데 목적이 있습니다.

셋째, 인간관계에 시간을 투자하세요. 친구들을 만나거나 동호회에 참석하거나 새로운 모임에 나가는 등 다양한 인간관계에 참여해 보시기 바랍니다. 사람을 잊는 가장 효과적인 방법은 사람을 만나는 것이니까요.

실연의 끝

그러다 보면 자연스럽게 실연을 받아들이게 됩니다. 충분히 아파하고 몸부림치는 시간이 있어야, 헤어졌음을 있는 그대로 받아들이게 되지요. 그리고 아픔을 통해 성장하게 됩니다. 실연은 삶의 많은 부분을 깨닫게 해주고, 우리 자신의 모습을 제대로 보게 만들며, 좀 더 성숙하고 나은 사람으로 성장시킵니다. 또, 다른 사람의 아픔을 깊게 공감할 수 있게 되며, 실연의 아픔에서 벗어나 보았기 때문에 다른 사람에게도 그 아픔에서 벗어나는 길을 안내해 줄 수 있고 힘이 될 수 있지요. 상처를 경험하지 않은 사람은 상처의 아픔을 잘 이해하지 못할 수도 있습니다.

마지막에는 희망을 품게 됩니다. 수용의 다음 단계에는 새로운 인연에 대한 희망이 자리합니다. '그래. 내 인연이 언젠가는 나타나겠지. 그 인연을 위해서 내가 좀 더 나은 사람이 될 수 있도록 준비하자'라고 미래를 준비할 수 있게 됩니다.

Chapter 7

다른 것이지 틀린 것이 아니다

"라떼는 말이야" vs "오케이 부머"

직장생활을 하다 보면 당연히 갈등이 있기 마련입니다. 이직이나 퇴사를 하는 가장 큰 이유는 무엇일까요? 바로 직장 내 인간관계 때문입니다. 많은 사람들이 이렇게 말합니다. "일하라면 하겠는데, 사람 때문에 힘들어서 못 하겠어요." "정말 그 상사 때문에 미쳐버릴 지경이에요." "그 동료와는 도저히 같이 일하기 어려워요. 그냥 제가 그만둘게요." 직장 내 인간관계에서 발생하는 갈등은 직장인들의 가장 큰 스트레스 요인이며 업무 효율성도 떨어뜨립니다. 일이 아닌 갈등에 에너지를 쓰게 만들기 때문이지요.

조직 갈등의 가장 대표적인 경우는 '상사와 부하직원 간의 갈등'입니다. 관리를 하고 일을 시켜야 하는 사람과 지시에 따라서 실무를 해야 하는 사람 간의 입장 차이로 인해서 갈등이 발생합니다. 최근 들어서는 늘 있었던 구세대와 신세대의 충돌이 더욱 심각하게 받아들여지고 있습니다. 많은 사람들이 예전과 달리 요즘은 갈등이 너무 힘들고, 도대체 무엇을 어떻게 해야 할지 모르겠다며 하소연합니다.

이러한 갈등은 대표적으로 세대 간 차이에서 비롯됩니다. 세대를 구분하는 여러 관점이 있지만, 대체로 공감이 가고 수용이 되는 부분을 정리해 봤습니다. 지금 직장에서의 관리자급은 '386세대'에 해당합니다. 386세대란 1960년에서 1969년 사이의 태생을 말하는데, 이들은 6.10 항쟁과 민주화 운동을 겪었습니다. 386세대가 팀장급 직원으로서 관리자급을 이루고 있지요. 그 뒤는 'X세대'로 1970년에서 1980년 사이에 태어난 사람입니다. 중간 관리자급을 이루고 있습니다. 성수대교와 삼풍백화점 붕괴 사고, 휴대폰의 발명과 보급, 인터넷의 상용화 등 다양한 격변을 겪었지요. 'Y세대'는 1981년에서 1996년 사이의 태생으로 실무자급에 해당합니다. 2002년 월드컵과 외환위기와 금융위기 등을 경험하면서 인식의 변화를 겪었습니다. 마지막 세대는, 지금 조직에서 무엇보다 중요한 'Z세대'입니다. Z세대는 1997년 이후 세대로서 현재 신입 사원으로 계속 들어오고 있습니다. Z세대의 스타일이 기존 세대들에게 매우 낯설게 느껴지면서 직장 내 갈등이 더욱 부추겨지고 있지요. 이들은 금융위기와 정보기술(IT) 붐을 겪으면서 컸기 때문에, 태어날 때부터 발달한 정보기술을 접해 온 세대라고 볼 수 있습니다.

이 중, 현재 관리자급인 '386세대'와 'X세대' 그리고 실무자급인 'Y세대'와 'Z세대' 간의 갈등이 극심합니다. 이해를 돕기 위해 관리자급의 두 세대를 구세대로 지칭하고 실무자급의 두 세대를 신세대로 지칭하겠습니다. 이들은 서로가 낯설고 힘들다면서 "도대체 이해가 안 돼!"라고 하소연합니다. 구세대가 신세대에게 "열정을 바쳐 최선을 다해야지. 왜 노력을 안 하지?"라고 나무라면, 신세대는 구세대에게 "당신들이나 열정을 바쳐 일하세요. 저는 승진에 관심 없고 여기가 제 평생직장이라 생각지도 않아요"라고 반박합니다.

구세대는 신세대에게 '버릇없어', '말대꾸를 계속해', '개념없어', '끈기가 없어'라고 비난하고, 신세대는 구세대에게 '꼰대'라고 비난합니다. 이들은 구세대가 신세대를 향해서 하는 말투를 '라떼는 말이야'라고 칭합니다. 반면, 이러한 구세대를 향해 신세대가 하는 말투는 '오케이 부머(OK, Boomer)'라는 한마디로 표현되지요. '알았으니 이제 그만해'라는 표현입니다. 외국의 젊은 국회의원이 기존 국회의원들의 말에 이렇게 맞받아친 것이 유명해졌지요.

이처럼 구세대는 신세대가 못마땅해서 가르치려고 하지만, 신세대에게는 그러한 구세대의 조언이 잔소리로 들리고 그 내용이 황당하고 부당하게 지각됩니다. 반면, 신세대가 자기 생각을 또박또박 얘기하며 반박하니 구세대는 이를 버릇없게 느끼곤 화가 납니다. '내가 너보다 나이를 얼마나 많이 먹었는데. 하는 말마다 대꾸하고 맞받아치네'라며 어이없어 합니다.

상사와 부하직원 간의 갈등을 포함한 직장 내 수많은 갈등의 원인은 기본적으로 '차이'에서 옵니다. 우리는 모두 많이 다른 사람입니다. 그래서 여러 가지 갈등을 겪을 수밖에 없지요. 먼저 조직 성원들의 가치관 차이가 극명하고, 조직 성원 간의 이익에서도 차이가 발생합니다. 그로 인해 부득이한 경쟁도 일어나지요. 또한 성별, 종교, 역할, 결혼 여부 등의 차이도 있습니다. 정보 전달 과정에서 오류가 발생해 갈등이 일어나기도 합니다. 중간에 정보가 제대로 전달되지 않을 수도 있고, 전달된 정보를 해석하는 과정에서 차이가 발생할 수도 있습니다. 정보 부족으로 인해 갈등이 발생할 수도 있지요. 보통의 의사결정 구조가 위에서 아래로 향하기 때문에, 실제 일을 해야 하는 실무자들의 의견이 제대로 전달되지 않아 갈등이 생기기도 합니다.

조직 내 갈등의 정체는 분노다

조직 내 갈등은 차이에서 비롯되지만, 갈등의 정체는 차이 때문이 아닙니다. 그 본질은 바로 '분노'입니다. 서로 화가 나 있는 것입니다. '상사인 내가 말을 하면 받아들여야 하는데 무시하네. 게다가 한참 어린 사람이 말대꾸하네'와 같이 상사들은 어린 부하직원들에게 무시당했다고 생각하니 화가 납니다. 신세대는 '나는 상사와 생각이 다른데 자기 말만 옳다고 강요하네', '부당한 걸 자꾸 요구하네'라고 생각합니다. 존중받고 싶은데 존중받지 못했다고 생각하니 화가 나지요.

앞서 말한 것과 같이 여러 측면의 차이와 극심한 견해차에서 갈등이 비롯되지만, 사실 거기서 오가는 의사소통에 포함된 말과 행동으로 인해 생기는 상처가 문제입니다.

많은 상사들이 이야기를 해 보려 시도했지만, 대화가 되지 않는다며 아예 말하기를 포기합니다. 어떻게 말해야 할지 모르겠다고 하소연하지요. 그렇게 대화의 단절이 시작됩니다. 그러다 보니 관리자들은 신입 사원이 아니라 이미 조직에 적응된 경력직 사원들을 뽑는 경향이 커지고 있습니다. 상처를 덜 받으려는 거지요.

신세대의 퇴사와 이직은 여러 가지 이유로 빈번해지고 있습니다. 이를 바라보는 관점 또한, 입장에 따라 굉장히 다릅니다. 신세대는 이직의 원인에 대해 "제 적성에 맞지 않는 직무 때문이에요", "기존의 조직문화에 적응하기 어려워요"라고 말합니다. 그런데 구세대는 이러한 신세대에 대해서 "그들의 이상과 현실의 괴리가 너무 크니까요", "그들은 책임감이 부족해요"라고 원인을 돌립니다.

갈등의 핵심 원인은 '대화방식'이다

조직 내에서 갈등이 있었을 때 여러분은 어떻게 하셨나요? 무엇이 서로에게 분노를 유발했나요? 어디에서나 의견이나 입장에는 차이가 있을 수밖에 없습니다. 그게 문제가 아니라, 서로의 대화방식이 문제입니다.

상사가 자주 쓰는 대화방식에는 갈등을 부추기는 방식이

많습니다. 첫째, 조언이나 충고를 하는 경향이 있습니다. 하는 입장에서는 조언이지만, 듣는 입장에서는 잔소리라고 생각할 수 있지요. 듣는 사람은 자신을 위해서 하는 소리가 아니라, 지나친 개입이라고 생각할 수 있습니다. 둘째, 명령하거나 강요하는 식으로 말하는 사람들이 있습니다. "반드시 내일까지 서류 정리를 해야 한다", "당장 기획안을 올리세요"와 같은 명령이나 강요하는 말을 들으면 불쾌해지기 마련이지요. 셋째, 경고와 같이 위협적으로 얘기하는 것은 상당히 기분이 나쁠 수 있습니다. "만약 제대로 하지 않으면 징계를 받게 될 겁니다"와 같은 식의 말투는 협박으로 들리기도 하지요. 넷째, 분석이나 진단 식의 말투가 갈등을 부추기도 합니다. 조직 안에서는 조직의 생산성을 위해 분석하고 진단하다 보니, 누군가와의 대화에서도 분석이나 진단 식의 말투를 자주 사용하곤 합니다. "너는 이게 문제야", "대현 씨가 무엇을 잘못했냐면"과 같은 대화방식은 상당한 불쾌함을 유발할 수 있습니다. 다섯째, 비교나 비난 식의 말투도 있습니다. "김 대리는 저렇게 잘하는데, 이 대리는 왜 못하는데?"와 같이 누군가와 비교하면 기분이 나쁩니다. "서희 씨. 벌써 가게?"라는 비아냥대는 말투도 불쾌하기는 마찬가지입니다. "준형 씨 때문에 일이 이 모양이 됐잖아"라고 비난하는 식의 말투는 화를 불러일으킵니다. 마지막으로 욕설과 조롱은 그것 자체로 상대에 대한 모욕이고 상처가 되어 상당한 불쾌감을 유발합니다. 간혹 상사가 부하직원을 지적하면서 인신공격적인 발언을 하거나 짜증이나 화를 내는 경우가 종종 있지요. 이 모든 대화방식은 듣는 사람의 경계를 침범하는 것이므로 듣는 사람은 분노할 수밖에 없습니다.

관리직에 해당하는 구세대분들은 다음과 같이 항변을 하곤 합니다. "나는 상사이고 부하직원을 가르칠 의무가 있어요." "그렇게 얘기할 만하니까 그리하는 거죠. 그 사람은 당할 만해요." 그러나 모든 사람은 존중받아야 하고, 존중받지 않아도 될 만한 사람은 아무도 없습니다. 자존감에 상처를 입어도 되는 사람은 없습니다. 또한, 누구도 다른 사람의 자존감에 상처를 줄 자격은 없습니다.

그런데 신세대에게도 문제가 될 수 있는 대화방식이 있습니다. '됐고, 나는 이렇게 생각합니다'와 같은 뉘앙스를 주는 말투입니다. 말로는 상사들의 이야기에, "저는 이렇게 생각합니다"라고 답변하지요. 그러나 이러한 대답에서 '나는 듣지 않겠어요'와 같이 상대방의 생각을 듣지 않겠다는 태도가 전달되는 경우가 많은 것이 문제입니다.

모두가 그렇듯 상사도 존중받고 싶은데, 이런 태도를 느끼면 자신이 무시당한다고 여겨져 화가 납니다. 화나면 복수하고 싶어지니 상대가 원하는 것을 해주기 싫어집니다. 또, 상대의 기분을 상하게 하는 방법을 찾게 되지요. 그래서 "그 주장이 타당하고 논리적이라도, 절대 이해해주고 싶지 않아요"와 같은 속마음을 하소연하곤 합니다.

복수는 복수를 낳습니다. 서로에 대한 비판과 불만은 모두의 기분을 상하게 합니다. 그래서 서로에게 부정적 반응을 보이지요. 그러면 이러한 반응에 서로가 불쾌해집니다. 수치심이 들 수도 있고 화나 서운함, 또는 불안한 감정을 느낄 수도 있습니다. 그래서 또 부정적으로 반응합니다. 이것이야말로 화의 악순환, 즉 분노의 악순환입니다. 이 고리를 누군가는 끊어야 합니다. 그 사람이 여러분이기를 바랍니다.

많은 사람들이 "내가 그 사람에게 얼마나 잘해줬는데, 어떻게 나에게 그럴 수 있나요?", "정말 잘해줘봤자 소용이 없어요"라고 억울함을 토로합니다. 그런데 열 번 잘해줘도 한 번 기분 나쁘게 하면, 상대는 계속 기분 나쁜 상태가 됩니다. 그게 자연스러운 것입니다. 왜 그럴까요? 사람들이 누군가를 대할 때 보이는 반응은 그 사람과 함께한 모든 시간 동안 오고 갔던 것을 종합적으로 평가하여 반응하는 것이 결코 아니기 때문입니다. 그 순간에 남아 있는 감정에 반응하는 겁니다. 유쾌한 감정은 걸리지 않지만, 불쾌한 감정은 해소되지 못한 채 남아 맴돌지요. 한 번의 기분 나쁜 말이나 행동이 계속 귀신이 되고 똥이 되어 영향을 미치게 됩니다.

이해와 동의는 다른 것이다

조직 내에서 갈등이 있을 때 서로 조금만 이해하고 양보하면 되는데도 각자 자기 입장만 고수하는 경우가 많습니다. "아니, 제 얘기가 틀려요? 맞는데 왜 저러는 거예요?", "조금만 양보해주면 되는데 왜 그것을 안 하죠?"라고 투덜거립니다. 왜 그들은 계속해서 자신의 것만 고수하는 걸까요?

바로 기분이 상해서 그렇습니다. "기분이 상해서 별로 이해하고 싶지 않아요." "심기가 거슬려서 얘기를 듣고 싶지 않아요." "기분 나빠서 별것 아니어도 해주기 싫어요." 바로 마음이 상해서, 화가 나서입니다.

그렇다면 어떻게 해야 할까요? 갈등을 해결하기 위한 첫 번째 단계는 먼저 불쾌한 감정을 해소하는 겁니다. 무엇보다 내 감정부터 해소해야 합니다. 먼저 내 감정을 안전하게 해소하십시오. 안전한 대상, 안전한 상황 또는 안전한 방식으로 감정 단어를 명명하고, 말, 글, 몸을 통해 밖으로 꺼내어, 감정에 주의를 기울여 끝까지 따라가서 해소합니다.

그러면 상대방의 감정은 어떻게 해야 할까요? 내 감정은 해소됐지만 상대방이 아직 나에게 감정이 남아 있다면, 내가 준비되어 있어도 상대방은 나와 대화하고 싶어 하지 않을 것입니다. 그래서 상대방에게도 그 감정을 해소할 기회를 주어야 합니다.

상대방이 자발적으로 감정을 해소한다면 더할 나위 없이 기쁘겠지만, 대부분은 그 방법을 알지 못합니다. 우리 자신 또한 그 방법을 알고 있다 하더라도, 귀찮아서 사용하지 않은 채 불쾌한 감정 상태 그대로 있기도 합니다. 상대방이 자신의 감정을 해소하도록 돕는 방법은 다음과 같습니다. 첫째, 상대방의 감정이 밖으로 나올 기회를 주십시오. 전화, 문자, 메일 등의 방법으로 상대방의 불쾌한 감정이 밖으로 흘러나올 수 있도록 도와줘야 합니다. 상대방이 불쾌해하고 있음을 인식했다면, 가능한 한 빨리 움직이는 것이 중요합니다. 어떤 사람들은 갈등상태에 있을 때, 신중을 기하겠다고 망설이며 시간을 끄는 경우가 있습니다. 그러나 여러분이 움직이지 않는 동안, 상대방은 계속 걸려 있는 불쾌한 감정 때문에 여러분에게 부정적 영향을 주는 방향으로 움직일 수 있습니다. 여러분에 대한 뒷담화나 욕을 할 수도 있고, 실제로 보복을 할 수도 있습니다. 또, 그 불편한 감정으로 오랫동안 고통스러워하다가 서로에게 도움이 되지 않는 결정을 내릴 수도 있지요. 따라서 여러분이 겪을 수 있는 부정적인 영향을 줄이기 위해서는 가능한 한 빨리 행동하는 것이 필요합니다.

제가 아는 분은 부하직원에 대한 불편한 감정을 참고 누르면서 1~2년 동안 힘들어하다가 결국 직장을 그만둘 생각까지 하게 됐습니다. 이 과정에서 상대 부하직원을 해고할 마음까지 품게 됐지요. 그러다가 전문적인 도움을 받기 위해 저를 만났습니다. 놀랍게도 오랜 시간 동안 고통스러웠던 그 감정은 15분 만에 해소되어 사라졌습니다. 몇 년간의 고통이 단 15분 만에 없어지고, 부하직원을 용서할 마음이 올라왔으며, 직장을 계속 다닐 의욕까지 생기게 됐습니다.

둘째, 면담을 사용할 수 있습니다. "저번에 말한 게 혹시 당신의 마음을 상하게 하지 않았는지 마음이 쓰이네요"와 같이 이야기를 꺼내 볼 수 있습니다. 이렇게 이야기를 꺼내면 대부분은 아니라며 괜찮다고 할 것입니다. 그러나 거기서 멈추지 말고 불쾌한 감정을 건드리는 것이 필요합니다. "제가 그렇게 말하고 행동한 것이 불쾌했을 수 있을 것 같아서 염

려됐어요"와 같이 계속 이야기를 하다 보면, 결국 불쾌한 감정은 밖으로 표현되기 마련입니다. 불쾌한 감정은 눌러도 계속 밖으로 나가려는 충동이 강하기 때문에 상대는 은연중에 불쾌함을 표현하게 됩니다. 이렇게 감정을 표현하게 되면, 그것으로 감정은 해소되어 가라앉습니다. 상대가 짜증이나 화를 냈다면 여러분에게 미안한 마음이 들 수 있고, 속상한 마음을 표현했다면 이를 보상하고자 여러분에게 잘하려는 마음이 나타날 수 있습니다.

셋째, 이 과정에서 여러분 또한 상대의 말과 행동에 상처를 입을 수 있기 때문에, 미리 방탄조끼를 입는 것이 좋습니다. 여기서 방탄조끼란, 주의를 분산시키는 것을 말합니다. 상대방이 불쾌한 감정을 쏟아낼 때, 특히 짜증이나 화를 내거나 비난할 때, 양 100마리를 세거나 구구단 외우기 등과 같이 다른 생각을 하십시오. 자신을 진정시키는 말을 되뇌는 것도 도움이 됩니다. 상대방이 화가 나서 하는 말을 마음에 담아 두지 않도록 노력하세요. 예를 들어, '지금 화가 나서 이러는 거야. 본심이 아냐'라고 되뇔 수 있습니다.

넷째, 글을 사용하여 상대방의 감정이 풀리도록 도울 수도 있습니다. 직접 만나서 대화하지는 못해도 문자나 메일을 통해서 상대방의 불쾌한 감정을 어느 정도 해소해 줄 수 있습니다.

어떤 분들은 상대의 화난 기분을 자극하면, 상대가 계속 자신에게 기분 나빠하지 않겠냐고 묻습니다. 이런 걱정에서 이들은 화를 밖으로 드러내지 않으려 하고, 상대방의 화를 건드리지도 않으려 합니다. 그러나 신기하게도 상대에 대한 불쾌한 감정이 해소된 뒤에는 호의적인 태도가 생기기 마련입니다. 화를 해소하고 나면 화가 사라지고, 다른 감정이 올라오기 때문이지요. 불쾌한 감정이 해소되어 사라지면, 눌려 있던 다른 감정들이 하나씩 올라옵니다. 그것이 미안함일 수도 있고 잘 지내고 싶은 호감일 수도 있으며 좋아하는 감정일 수도 있습니다.

우리는 서로 다를 뿐이다

갈등 상황에 있을 때, 많은 경우 '내 생각이 옳고 당신 생각은 틀렸다'는 입장을 취합니다. 내가 아니라, 네가 바꾸라는 거지요. 이렇게 되면 아무리 대화를 시도해도 갈등은 평행선으로 갈 뿐입니다. 서로의 생각에 대해서 '맞고 틀리다'의 관점으로 보면 갈등은 계속됩니다. 부부싸움은 대개 사소한 것에서 시작되는데, 어떤 작은 일에 대해 남편이 아내의 생각과 행동이 '틀렸다'고 말하고, 아내 또한 자신이 아니라 남편 당신의 생각이 '틀렸다'고 하게 되면 갈등에 불이 붙게 됩니다. 앞서 얘기했듯이 갈등은 차이에서 시작됩니다. 우리는 모든 면에서 똑같을 수가 없지요. 가치관, 입장, 성별, 직위, 업무능력, 이익 등에서 차이가 나기 마련이고, 그 차이에서 갈등이 비롯됩니다.

다름을 인정하는 것이 경쟁에서 지는 것을 의미하는 건 결코 아닙니다. 서로의 다름을 존중하고 이해하려 할 때 함께 살아갈 수 있습니다. '틀리다'는 상대방이 가지고 있는 자신, 타인, 세상에 대한 스키마 즉 상대방이 가지고 있는 틀을 부정하는 것입니다. 그러니 상대방 입장에서는 불쾌할 수밖에 없고 자존감에 상처가 되어 화가 납니다.

그 사람은 대상이 아니라 인간이다

우리가 상대하는 사람은 조직을 구성하는 하나의 요소나 대상이 아니라 바로 살아 있는 인간입니다. 조직의 입장에서는 조직원을 대상으로 보려는 경향이 있습니다. 조직의 존립과 생산성을 높이기 위해서는 각 성원을 분석하고 판단하여 역할을 잘할 수 있도록 해야 하니까요. 하지만 조직이 분석과 판단의 방식으로만 조직원을 대하게 되면, 조직원은 자신이 하나의 대상인 조직의 부품이라고 느끼게 됩니다.

설령 그것이 맞다 할지라도, 막상 대화하는 순간에 자신을 부품으로 지각하며 임하는 사람은 없을 겁니다. 적어도 그 순간에는 뜨거운 가슴을 지닌 살아 있는 인간인 거지요.

따라서 실제로 분석과 판단을 당하고 비난과 비판을 들으면, 이러한 시각의 대화에 불쾌함을 느끼고 조직에 대한 반감이 들 수 있습니다.

그렇기 때문에 조직 구성원의 감정을 고려하면서 접근하는 것이 가장 효율적입니다. 조직원을 살아 숨 쉬고 움직이는 한 명의 독립된 인간으로 존중하며 대하는 것이 불필요한 갈등을 일으키지 않으면서 조직의 생산성을 높이는 가장 효율적인 길이지요.

이해의 놀라운 힘

모든 사람은 자신을 이해받고 싶어 합니다. "내겐 최선을 다하는 게 중요하다는 것을 이해받고 싶어요." "내겐 일보다는 여유와 취미생활이 더 중요하다는 것을 이해받고 싶어요." "비록 실수는 있었지만, 야근까지 하면서 노력했다는 것을 이해받고 싶어요." 아무리 성과와 결과가 중요하다지만, 사람은 자신을 이해받지 못하면 그동안 애쓴 것이 허무하게 느껴집니다. 의욕이 떨어지지요.

그런데 사실 서로 의견 차이가 있을지라도 상대방을 아예 이해하지 못하는 것은 아닙니다. 많은 사람들이 이해는 하지만, 이해하는 반응을 보였다가는 자칫 자신의 것을 내놓아야 할까 두려워 이해한다고 표현하지 않는 것입니다. "이해는 하죠. 그런데 그 사원의 입장을 이해한다고 말하면, 일을 제가 떠안게 될 수도 있잖아요?" "신세대 사원들의 생각이 논리적이고 합리적일 때가 있어요. 그런데 그걸 이해해주면 조직에서 다른 태도가 필요할 때 안 바뀔 것 아니에요?" "애쓴 것 알지요. 하지만 이해해줬다가 계속 실수하면 어떡해요? 따끔하게 야단쳐야죠."

조직에서 이런 일이 반복되면, 결국 상대는 원하는 것을 얻지 못할 뿐 아니라 이해받지 못하는 데서 오는 슬픔, 원망, 실망 등의 불쾌한 감정까지 느껴 주의와 에너지를 더욱 뺏기게 됩니다. 그러면 조직의 효율성은 더욱 떨어지고 어려워질 수 있습니다. 그래서 여러분께 알려드리고 싶은 한 가지 팁은 상대방에 대한 이해와 여러분의 입장을 함께 전달하라는 것입니다. 자신의 것을 내놓아서 잃게 될까 봐 두렵다면, 이해한다고 표현하면서 여러분의 입장을 부드럽게 전달하십시오. 또한 "너 참 잘했다", "그래, 그럴 수 있었겠다"와 같은 인정과 칭찬을 주십시오. 이러한 대화방식은 여러분의 두려움을 어느 정도 해결해주면서, 상대방이 원하는 이해와 인정을 함께 전달하는 길입니다.

욕구에 초점을 맞추어라

조직에 갈등이 있다는 것은 각자의 욕구, 즉 원하는 바가 있다는 것입니다. 그러니 갈등을 줄이기 위해서는, 나의 욕구와 상대방의 욕구를 함께 파악하는 것이 핵심이지요. 상대방과 내가 원하는 게 무엇인지 각각 파악한 다음, 타협의 지점을 모색하십시오.

협상과 갈등 해결의 핵심은 각자의 욕구를 어느 지점에서 절충하여 충족시킬지 파악하는 것입니다. 이를 위해 먼저 협상과 타협을 방해하는 감정을 해소하세요. 앞서 강조한 바 있듯이 '선해소 후해결', '선해소 후타협', '선해소 후대화'입니다. 또한 상호작용 중에 발생한 서로의 말과 행동, 입장을 이해하려고 노력하면서, 자신이 상대를 이해하고 있음을 전달하십시오. 최종적으로 서로의 욕구를 정확히 확인하여, 모두가 어느 정도 만족할 수 있는 타협의 지점을 찾도록 모색하기 바랍니다. 그것이 다른 사람들과 함께 살아갈 수 있는 지름길입니다.

적을 만들지 않고 일하는 법

조직 내에서는 실무를 담당하고 있는 신세대들과 소위 기성세대라고 하는 구세대 간의 갈등이 심합니다. 조직 내 성취를 높이려면 갈등하기보다는 서로의 차이를 이해하는 것이 중요합니다. 관리자급에 있는 구세대들은 그들이 겪어 온 시대적 환경 요인으로 인해, 최선을 다하고 열심히 하면 많은 기회가 주어졌고 큰 성과를 얻을 수 있었습니다. 이러한 환경 속에서 성장해 왔기 때문에, 관리자들은 얘기합니다. "열심히 합시다. 최선을 다합시다." 그러면 좋은 결과가 나온다고 생각하는 거지요.

반면, 실무자급인 신세대는 그들이 성장해 온 시대적 환경 요인으로 인해, 갖고 싶은 것을 쉽게 가질 수 있었고 많은 물질적인 욕구를 충족하며 살았지요. 이미 대부분이 풍요로운 환경에서 성장했습니다. 그래서 신세대인 Y세대와 Z세대는 무언가를 그리 아쉬워하지 않습니다. 또 열정을 갖고 애써봤자, 돌아오는 기회나 보상은 고용 감소와 고용의 질 저하로 인해 그들의 눈에 차지 않습니다. 자신들이 성장하는 동안 쌓아 온 스펙과 능력 수준에 비해서 보상이 무척 떨어지고 적합하지 않는다고 생각하지요. 그들의 욕구에 맞는 보상이 없는 셈입니다. 어차피 맞는 보상을 받지 못할 거라 생각해서, 열심히 할 생각을 갖지 않습니다. 그러다 보니, 일에 최선을 다하고 뭔가를 크게 얻고자 하기보다는 개인적 삶의 행복에 초점을 두게 됩니다. "퇴근 시간이네요. 먼저 갈게요", "제 삶을 희생하면서까지 일하고 승진하고 싶지는 않은데요"라고 말하는 것이지요.

구성원들의 특성에 맞는 동기를 부여하라

조직의 생산성을 높이기 위해서는 구성원들의 차이를 이해하고, 구성원 간의 갈등을 줄이는 적절한 일 처리 방식과 업무 조정이 필요합니다. 자신의 가치관과 생각을 받아들이고 따르라고 하는 것 자체가 갈등을 부추기지요. 갈등은 조직 생산력에 부정적 영향을 미칠 뿐입니다. 각 구성원의 특성을 이해하여, 그 구성원에게 맞는 보상을 제시하고 욕구를 충족시켜 주는 것이 효과적입니다. 심리 검사 중에는 개인의 특성을 이해하기 위한 성격 검사와 기질 검사 등이 있습니다. 이러한 검사들을 통해서 "저 친구 왜 저래?"라고 했던 것이 "저 친구가 저래서 그랬던 거구나"라고 이해가 되지요. 이렇듯 다양한 측면에서 구성원들 각자의 특성을 파악하고, 그들에게 알맞은 동기를 부여하는 것이 중요합니다.

개인을 넘어, 각 직급을 구성하는 주요 세대들의 특성을 이해하고 있는 것도 도움이 됩니다. 신세대에게는 일의 의미를 강조하십시오. 지금 하는 일을 왜 하는지, 이 일에서 기대되는 성과가 무엇인지 전달하는 것입니다. 신세대는 "왜 제가 이 일을 해야 하죠?"라고 묻습니다. 구세대 입장에서는 '하라면 하는 거지? 무슨 이유를 설명해?'라고 생각하며 당황스럽습니다. 그러나 신세대에게는 자신이 이 일을 하는 이유와 그 가치와 의미가 중요합니다. 그러니 귀찮을 수 있지만, 조직의 성취를 위해서 그들에게 설명해줄 필요가 있습니다. 이들이 가치 있고 의미 있는 일을 하고 있다는 인식을 가질 수 있도록 안내하십시오. 나아가 지금 하는 일이 자신의 개인적 가치에 어떻게 부합이 되는지 안내한다면, 신세대로 하여금 그들이 가진 능력을 발휘하여 업무를 훌륭히 해낼 수 있도록 독려할 수 있습니다.

또한 신세대는 인정 욕구가 높습니다. 구세대는 인정에 대해 즉각적인 피드백을 받고 살지 못했습니다. 할아버지 세대들은 자식과 자녀들을 속으로는 예뻐하고 인정하며 잘났다고 생각했지만, 아이들이 자만할까 봐 겉으로는 칭찬을 잘하지 않았습니다. 그러다 보니 관리자들은 그런 피드백을 잘 받지 못하고 살았기 때문에 부하직원들에게 피드백을 주는 것이 낯설고 어색합니다. 그런데 신세대는 SNS 채널 등을 통한 즉각적 피드백과 수평적 관계에 익숙합니다. 즉각적인 피드백을 많이 받아온 세대로서 인정받고 싶은 욕구가 강하지요. 또한 구세대는 "무엇을 잘못했는지 스스로 찾아보세요" 라고 열린 질문을 받았고, 이에 대한 답을 스스로 찾으면서 다양한 경험과 통찰을 하며 성장했습니다. 이에 비해, 신세대는 자신이 한 일에 대해 즉각적인 칭찬과 함께 정확하고 구체적인 친절한 피드백을 받기 원합니다.

마지막으로, 신세대 구성원들을 대할 땐 그들의 삶을 존중할 필요가 있습니다. 신세대가 가치 있게 생각하는 개인적 성장과 삶을 존중해줍시다. 근무시간, 여가활동, 사생활 분리 등 이들의 가치를 인정하고 존중해줄 필요가 있습니다. 이해받고자 하는 욕구와 인정받고자 하는 욕구를 충족시켜 줄 필요가 있습니다. 개인적 가치에 부합되는 삶의 욕구가 충족되면 자연스럽게 즐거움, 행복함, 만족스러움 등의 유쾌한 감정들을 느끼게 될 것입니다. 그러다 보면 일에 대한 긍정적인 동기가 생기게 마련이지요. 결과적으로 조직의 성취와 생산성이 높아지게 됩니다.

상대를 존중하며 전달하는 대화법

여기에 덧붙여 상대를 존중하는 대화법이 필요합니다. 명령과 비난의 대화방식이 아니라, 이해와 요청 방식의 대화법을 통해서 하고자 하는 메시지를 전달하는 것입니다. 예를 들어, 상사는 "일은 제때 한 거야?"라고 말하는 대신, "오늘까지 하기로 한 업무가 잘 마무리됐는지 궁금하네요"라고 표현할 수 있습니다. 사원 입장에서는 "저 먼저 가요"라고 말하는 대신에, "죄송하지만, 오늘 일이 있어서 먼저 가봐야 할 것 같습니다"라고 말할 수 있습니다. 물론 이 또한 말할 때의 표정과 뉘앙스가 중요하겠지요. 이처럼 서로에게 갈등을 부추기는 방식이 아니라, 이해와 요청하는 방식의 대화를 통해서 조직 내 불필요한 감정 갈등을 줄일 수 있습니다.

Chapter 8

상처로부터 자유로워지는 방법

상처와 나를 분리하라

이 세상에 상처받지 않는 사람은 없습니다. 나만 상처받지 않을 수는 없지요. 그런데 앞서 이야기했듯이, 누군가의 말이나 행동 또는 사건이 우리에게 상처가 되는 이유는 바로 나 자신과 관련 지어 해석하는 데 있습니다. '나에 대한 말일 거야', '나를 무시하는 걸 거야', '내가 그렇게 해서 그런 걸 거야'와 같이 나와 결부시켜 해석하니 속상하고 상처가 되지요. 자신을 안 좋게 생각해서 저런 식의 말이나 행동을 한 것이라 생각하고, 나아가 자신이 뭔가 잘못되고 부족한 사람이라 그런 일이 일어난 거라고 본인에게 탓을 돌립니다.

그렇다면 누군가의 말이나 행동이 상처가 되지 않도록 하기 위해서는 어떻게 하면 될까요? 바로 나와 관련짓지 않으면 됩니다. 나와 결부시키지 않으면 됩니다. 물론 쉽지는 않습니다. 인간이 가진 특성 때문입니다.

인간은 어떤 자극이나 상황을 해석할 때 잘못된 방향으로 왜곡해서 해석하는 오류를 굉장히 자주 범합니다. 그 가운데 '개인화'라는 오류가 있습니다. 어떤 자극이나 상황을 자신과 관련지어 해석하는 경향을 말합니다. 우리가 개인화 오류를 얼마나 자주 범하는지 몸소 경험한 기억이 있습니다. 대학원 세미나에서 뜬금없이 지도교수님께서 며칠 전에 뭔가 불쾌한 일이 있었다는 얘기를 하셨습니다. 이렇게만 말씀하시고, 자세한 설명 없이 세미나가 진행됐습니다. 세미나가 끝나고, 지도제자 7명 정도가 모여 앉았습니다. 어느 한 친구가 먼저 말을 꺼냈습니다. 며칠 전에 자신이 어떤 실수를 했는데, 그것 때문에 교수님이 불쾌하셔서 그런 얘기를 하신 것 같다는 겁니다. 그런데 옆에 있던 다른 친구가 아니라면서 자신이 이런 일을 했는데 그것에 대해 하는 말씀이라고 했습니다. 저를 포함한 모든 제자가 지도교수님이 자신에게 불쾌해서 한 말이라고 생각하고 있었던 것입니다. 저는 속으로 마음이 놓였을 뿐 아니라, 얼마나 많은 사람들이 자극이나 상황을 자신과 결부 지어 해석하고 살아가는지 몸소 깨달았습니다.

그렇다면 이제 다른 노력을 해 봅시다. 누군가의 말, 행동의 원인을 여러분 자신에게서 찾는 것이 아니라, 그 사람이나 주변 상황에서 찾아보세요. 일단 그 사건, 사고의 원인을 외부에서 찾아보는 겁니다. '말 그대로 정말 상황이 여의치 않나 보다', '뭔가 기분 나쁜 일이 있어서 신경이 날카로워져 있나 보네', '그 사람이 원래 말이 거칠고 성격이 나빠서 저런 식으로 말을 하는 거야'와 같이 나와 관련짓지 말고, 그 사람의 모습으로 바라보세요. 그 사람에게 그런 면이 있다거나, 당시에 그런 마음 상태라고 읽어보세요. 또는 '그 사고는 누구도 막을 수 없는 어쩔 수 없는 일이었어', '내가 그때 정말 운이 안 좋았네'라고 원인을 상황에 돌려 볼 수도 있습니다. 그러면 마음이 어느 정도 놓이게 됩니다.

당신 잘못이 아니라, 그 사람에게 무엇인가 건드려진 거다

사람들은 인간관계에서 갈등이 있을 때 그 이유를 찾기 위해 고군분투합니다. 이유를 찾으면 갈등을 해결할 수 있을 거라고 기대하는 거지요. 그런데 살다 보면 특별히 잘못한 것도 없는데, 누군가가 나를 못마땅해하거나 비호의적으로 대한다거나 심하면 괴롭히는 일도 종종 있습니다. 오래전에 지방에서 고등학교 남학생이 제가 진행하는 프로그램에 참석하러 온 적이 있었습니다. 그 남학생은 1년 전부터 동급 남학생이 자신만 보면 함부로 말을 하고 못되게 행동해서 힘들다고 호소했습니다. 그럴 때마다 도대체 자신이 무엇을 잘못했길래 그 친구가 못되게 구는지 이유를 찾기 위해 자신의 행동을 반성하고 또 반성했다고 합니다. 그러나 아무리 반성하고 관계를 변화시키려고 노력해도 아무런 소용이 없었습니다. 그래서 전문가에게 도움을 청하기 위해 멀리에서 찾아왔던 겁니다.

프로그램 초반에 감정의 정의에 대해 간단하게 말할 기회가 있었습니다. 감정이란 어떤 자극이나 대상이 자신의 관심사와 욕구와 관련되어 있을 때 발생하는 것으로, 이와 관련하여 관심이 없고 바라는 것이 없으면 발생하지 않는다고 설명했지요. 갑자기 그 남학생은 저에게 이제 자신의 고민이 해결됐으니, 내려가도 좋을 것 같다며 말문을 열었습니다. 무슨 이야기인가 들어보니 그 남학생은 자신이 무엇인가 잘못해서 또는 자신에게 무슨 문제가 있어서 그 친구가 자신에게 못되게 행동하는 것이라 생각했는데 그것이 아니었음을 알게 됐다고 합니다. 자신의 잘못이 아니라, 그 친구의 마음속에 있는 무언가가 자신으로 인해 건드려졌기 때문이라는 것을 깨달은 겁니다.

그렇습니다. 여러분의 잘못이 아니라, 상대의 마음속에 있는 무언가가 여러분으로 인해 건드려졌기 때문일 수 있습니다. 여러분을 볼 때마다 심하게 야단치고 잔소리했던 아버지가 떠올라 몹시 긴장되고 불편할 수 있습니다. 또는 사사건건 간섭하고 개입했던 어머니가 떠올라 여러분이 다가오는 것이 불편하고 거부감이 들 수 있습니다. 또는 어릴 때 무슨 일이든 잘해내서 늘 자신과 비교당했던 우등생 오빠나 언니가 떠올라 얄밉고 싫을 수도 있습니다.

그렇지 않더라도 상대방의 열등감이나 콤플렉스를 건드렸을 수도 있습니다. 누군가는 아무리 노력을 해도 원하는 만큼의 예쁜 외모를 가질 수 없는데, 세수만 하고 나와도 얼굴에서 빛이 나는 친구나 동료가 얄밉고 싫을 수 있습니다. 자신이 제일 잘나서 주변 사람들에게 부러움과 인정을 받고 싶은데, 별로 노력하지 않아도 하는 일마다 뛰어나 주변 사람들이 인정하는 친구나 동료가 몹시 불편하고 싫을 수 있습니다. 다른 사람들에게 인기 있는 사람이 되고 싶은데, 성격이 좋아서 주변 친구들이나 동료 모두가 좋아하는 그 사람이 정말 꼴 보기 싫고 미울 수 있습니다.

이렇듯 여러분이 구체적으로 잘못을 하지 않았어도, 누군가에게는 상처를 줬던 사람을 떠올리게 하거나 내면의 열등감을 건드려서 불편감을 유발할 수 있습니다. 그것은 여러분의 잘못이 결코 아닙니다. 그렇기에 관계를 긍정적으로 변화시키고자 하는 여러분의 노력이 별 소용이 없고 허사로 돌아가 답답하고 무기력감을 느끼게 되는 겁니다. 잘하려고 다가 갈수록 상대방은 더욱 못되게 굴거나, 긴장하고 불편해할 수 있습니다. 왜냐하면 여러분의 모습이나 행동이 그들의 상처와 열등감을 더욱 자극하고 떠올리게 하여 상처를 덧나게 하기 때문이지요.

그럴 때는 안타깝지만 상대방과 일정한 거리를 두는 것이 서로를 위해 도움이 될 수 있습니다. 상대방도 상처가 떠올려지지 않아서 좋고, 여러분 또한 불필요하게 상처받고 아파하지 않을 수 있으니까요. 물론 다가가서 상대방으로 하여금 '나의 아버지가 아니었구나', '나의 어머니가 아니었구나', '그 사람과는 다른 사람이구나'를 깨닫도록 도와서 좋은 관계로 거듭날 수도 있습니다. 또는 상대가 여러분의 진심을 깨닫고 열등감으로 인한 질시를 멈추고 여러분을 인정해서 호의적인 관계로 발전할 수도 있습니다.

그러나 그들이 상처와 열등감을 스스로 치유하려는 의지가 없고 노력하지 않는다면, 여러분과 좋은 관계를 형성하기는 쉽지 않습니다. 이럴 땐 서로가 어느 정도 거리를 두는 것이 상처와 열등감을 건드리지 않고 최선의 관계로 가는 현명한 길일 수도 있습니다. 단, 상대방과 거리를 두더라도 그를 무시한다는 느낌을 주면 안 됩니다. 그의 상처와 열등감을 자극할 수 있기 때문이지요. 상대방을 존중하는 태도를 유지하면서 일정한 거리를 두는 것이 바람직합니다.

아픔을 마주하면 세상이 커진다

상처받지 않으려고 갖은 애를 썼지만, 어쩔 수 없이 상처받는 순간들이 있습니다. 그렇다면 이미 받아버린 상처는 어떻게 하면 좋을까요? 가슴에 남은 상처의 자국을 치유하기 위해서는 무엇이 필요할까요? 바로 상처받은 경험을 소화하는 것이 필요합니다. 상처는 반드시 불쾌한 감정을 유발하니, 상처를 소화한다는 건 바로 상처가 유발한 불쾌한 감정 경험을 소화하는 것을 의미합니다.

상처를 치유하는 것은 두 가지 측면에서 이루어집니다. 첫째는 상처로 인해 발생한 감정을 안전하게 해소하는 것입니다. 발생한 감정은 오직 해소만을 요구합니다. 그저 느끼고 표현되어 해소되기만을 바랍니다. 그런데 그러지 못하고 참고 눌러지다 보니 귀신이 되어 우리에게 영향을 미치는 것입니다. 그러니 상처 때문에 발생한 여러분의 분노, 수치심, 죄책감, 슬픔, 절망감, 불안, 당황스러움 등의 수많은 아픈 감정들을 안전하게 느끼고 표현해서 해소해주십시오.

그러나 상처로 인해 발생한 아픈 감정들을 해소했다고 모든 상처가 소화되는 건 아닙니다. 감정이 발생하는 이유를 생각해 보세요. 감정은 우리에게 정보를 주기 위해 발생하고, 우리는 감정 경험이 발생했을 때 감정이 주는 정보를 파악해서 처해 있는 상황에 적절히 대처하고 행동함으로써 안전하게 살아남고 처한 환경에 적응할 수 있습니다.

그런데 상처가 발생했다면, 그 과정이 제대로 이뤄지지 않은 겁니다. 따라서 상처를 치유하는 두 번째 측면은 미처 파악하지 못했던 정보를 파악하는 것을 포함합니다. 나에게 왜 그러한 상처가 발생했는지를 깨닫고, 상처가 우리에게 무엇을 의미하고 무엇을 알려주는지 파악하는 노력이 필요하지요. 이러한 과정을 통해 기존에 갖고 있던 세상을 바라보는 틀에 새로운 정보를 통합하고, 이를 수정할 수 있게 됩니다. 그랬을 때 우리는 현재의 삶에서 한 발짝 더 앞으로 나아가고 성장하게 됩니다. 상처를 소화하는 과정을 통해, 과거에 보지 못했던 세상을 볼 수 있게 되고 세상을 바라보는 시각이 넓어지고 융통성이 생겨납니다. 만약 상처를 이해하려 하지 않고 회피하고 외면하려고만 한다면, 결코 그 상처가 주는 정보를 파악하지는 못할 것입니다. 그저 고통과 아픔만이 존재할 뿐, 우리에게 더 이상의 성장은 없게 됩니다.

어릴 때 세상을 바라보던 틀과 지금 세상을 바라보는 틀은 어떤가요? 굉장히 달라져 있지요. 이렇게 우리는 매 순간 경험을 통해 변화합니다. 살아가면서 만나는 상처를 통해 아파하며 그 아픔 속에서 새로운 앎을 발견합니다. 나 자신을 바라보던 시각이 변하고, 타인을 바라보던 시각이 달라지며, 세상을 바라보던 틀이 변화해갑니다. 이렇게 상처를 통해 앞으로 한 걸음씩 나아가며 변하고 성장해 가는 거지요.

어려운 감정을 다스리는 두 가지 방법

상처를 치유하는 과정에서 필요한 것이 하나 더 있습니다. 그것은 바로 '안전'입니다. 상처를 소화시키려 해도 잘 안 되는 경우가 많습니다. 상처로 인한 생각이나 장면이 지나치게 불쾌하거나 충격적이라 계속 떠오르고 맴돌아서 도저히 집중할 수가 없습니다. 불안하고 두렵고 화가 나는 등 정서적 고통에 압도되어 아무것도 하지 못할 수도 있습니다. 즉, 상처받은 아픈 감정과 충격에 휘말려 그 감정을 제대로 다룰 수 없는 겁니다.

감정을 다루는 방법은 그 성격과 역할에 따라 크게 두 가지로 나눠집니다. 호랑이를 잡으려면 호랑이 굴에 들어가야 합니다. 감정도 마찬가지입니다. 감정을 잡으려면, 그 감정 경험에 다가가야 합니다. 이를 '접근적 방법'이라고 합니다. 앞에서 다뤘던 상처를 치유하는 방법인 '해소'와 '이해', 두 가지 모두 접근적 방법에 해당합니다. 이 두 가지 방법은 모두 감정에 접근해서 조절하여 떠나보내는 방법입니다.

그러나 항상 호랑이를 잡으러 호랑이 굴에 갈 수 있는 건 아닙니다. 지금, 날이 너무 어둡거나 호랑이를 잡을 연장이 없다면 호랑이 굴에 갈 수 없습니다. 그렇다고 그대로 내버려 두면 어떻게 될까요? 호랑이가 날뛰면 갑작스럽게 불안이 올라올 수 있고, 주변 사람들에게 짜증이나 화를 낼 수 있으며, 그렇지는 않더라도 호랑이를 날뛰지 못하게 하느라 너무나 많은 에너지를 쓰다 보니 정작 해야 할 일을 제대로 못 할 수 있습니다.

그럼 이럴 때는 어떻게 해야 할까요? 여러분에게 굉장히 중요한 비밀을 하나 알려드리겠습니다. 감정은 우리가 기울이는 주의에 대한 일시적인 반응의 결과입니다. 지금 여러분이 보고 있는 글자의 색깔은 무슨 색인가요? 검은색입니다. 검은색이라고 지각하는 순간 감정을 느꼈나요? 그렇지 않습니다. 검은색이라고 생각하는 순간, 감정은 느껴지지 않습니다. 즉, 우리가 불쾌한 생각에 주의를 주면 불쾌해지고, 불쾌한 장면을 보면 불쾌해지는 겁니다. 불쾌한 감정과 전혀 관련 없는 곳에 주의를 주면 감정 또한 느껴지지 않습니다.

구구단 2단을 외워 보세요. 7단은 어떻습니까? 구구단을 외우는 순간 감정은 느껴지지 않습니다. 상처와 관련 없는 글을 읽는 것과 같이 주의를 다른 곳으로 분산시키면, 감정을 일시적으로 완화할 수 있습니다. 이것을 '주의분산적 방법'이라고 합니다. 이처럼 주의를 상처와 관련 없는 다른 곳으로 분산해서 감정을 조절하는 방법을 통해, 상처받은 감정을 일시적으로 완화하거나 변화시킬 수 있습니다.

물론 주의분산적 방법은 어디까지나 일시적인 방법입니다. 양 한 마리, 양 두 마리를 세면서 일시적으로 주의를 돌려 불쾌한 감정을 완화할 수는 있지만, 양을 세는 것을 멈추면 다시 상처에 관한 생각이 떠올라서 화가 날 수 있습니다. 그러나 이 방법 또한 우리에게 필요합니다. 이는 우리를 상처와 고통과 아픔으로부터 벗어나 다른 곳으로 피신시켜 안전하게 만들어주기 때문입니다. 저마다 손쉽게 사용할 수 있는 다양한 주의분산적 기법의 레퍼토리를 확보해 놓는 것이 도움이 됩니다.

첫째, 안전지대를 만들어 놓으십시오. 마음을 편안하게 해주는 안전한 장소나 장면을 확보하세요. 지금 여러분의 눈을 감고 호흡에 잠시 주의를 기울여 보세요. 숨을 들이마시고 천천히 내쉬어 보세요. 여러분은 천천히 이완된 상태로 들어갈 것입니다. 여러분이 쉬고 싶을 때 가고 싶은 편안한 장소를 떠올려보세요. 그곳에 머물러 보세요. 바닷가나 산, 들판, 외갓집, 리조트, 또는 자신의 방이 될 수도 있습니다. 떠오른 곳이 어디였나요? 그곳이 여러분의 안전지대입니다. 그곳에서 보고 듣고 느끼고 만져도 보고 냄새도 맡아 보세요. 충분히 이완될 때까지 머물러 보세요. 마음이 불편할 때 눈을 감고 안전지대를 바로 떠올림으로써, 쉽게 안전한 상태 즉 이완된 상태로 갈 수 있습니다.

둘째, 호흡법을 사용하면 매우 효과적입니다. 감정은 주의에 대한 반응 결과물인데, 주의를 규칙적인 대상에게 계속 주면 쉽게 이완됩니다. 예를 들어, 시계추를 계속 쳐다보거나, 시곗바늘을 계속 보게 되면 그 규칙에 자신도 모르게 이완되지요. 그런데 언제 어디서나 주의를 줄 수 있는 규칙적인 대상은 무엇일까요? 바로 호흡입니다. 들이마시고 내쉬는 것이 규칙적으로 반복되지요. 우리가 살아 있는 한 호흡은 규칙적으로 이뤄지고, 맨몸으로 어디에 있든지 호흡은 우리와 함께합니다. 그래서 배로 숨을 쉬는 복식호흡이나 가슴으로 숨을 쉬는 흉식호흡 등의 호흡법은 이완을 유도하는 데 자주 활용됩니다. 굳이 복식호흡이나 흉식호흡을 하지 않아도 괜찮습니다. 핵심은 규칙적인 호흡에 주의를 계속 머물게 하는 겁니다.

간단하게 할 수 있는 호흡법을 알려드리겠습니다. 복식호흡은 배로 숨을 쉬는 방법입니다. 한 손은 배 위에, 다른 손은 가슴 위에 살짝 올려놓으세요. 숨을 들이마실 때 배만 밖으로 부풀리고 가슴은 그대로 머무르며, 반대로 숨을 내쉴 때는 배만 안으로 들어가게 하고 가슴은 그대로 두세요. 숨을 들이마실 때는 코로 깊게 들이마시고, 내쉴 때는 입을 살짝 벌리고 천천히 길게 내뱉는 것이 효과적입니다.

셋째, 이완 기법을 통해 안전감을 빨리 확보할 수 있습니다. 지금 해 볼 수 있다면, 편안한 곳을 찾아보세요. 그리고 몸에 힘을 빼고 가능한 편안한 상태로 앉거나 누워보세요. 눈을 감고 여러분의 몸에 주의를 기울여 보세요. 그리고 다음과 같은 문장을 속으로 반복해서 되뇌며 몸의 상태를 그 내용에 맞게 유도하고 느껴보세요. 한 문장당 5번 정도 반복하면 좋습니다. 핵심은 힘을 뺀 몸에 주의를 기울여 이완을 유도하는 겁니다.

내 몸은 무겁다

내 몸은 편안하다

내 몸은 따뜻하다

내 호흡은 느리고 규칙적이다

머리가 시원하다

내 심장은 규칙적으로 뛴다

나는 매우 편안하고 이완되어 있다

넷째, 그라운딩 기법이 있습니다. 정서적 고통에 휩싸이게 되면 둥둥 떠 있는 것과 같은 느낌이 옵니다. 이때 현실 외부로 주의를 돌려서 발에 땅이 닿는 느낌을 느끼게 하는 기법입니다. "주변에 보이는 물품을 모두 얘기해 보세요", "색깔 이름을 모두 대어 보세요", "가족의 이름을 모두 외워 보세요" 등의 질문에 답하는 겁니다.

다섯째, 자기 진정 효과가 있는 말을 되뇌는 것도 효과적입니다. 수첩이나 메모장 등을 활용해서 자신의 마음을 편안하게 해주는 글귀를 적어놓고 마음이 불편할 때마다 반복적으로 읊어 보세요. 사람마다 자신에게 위안을 주는 말은 모두 다릅니다. 여러분의 마음을 편안하게 해주고 위안을 주는 말은 무엇입니까? 저에게 가장 큰 위안을 줬던 말은 '괜찮아'였습니다. 지금껏 다양한 경험을 하며 세상을 살다 보니 괜찮지 않은 것이 과연 있을까 싶습니다. 수많은 일이 일어나고 우리는 그렇게 또 살아갑니다. 누군가에게는 '이 또한 모두 지나가리라', '모든 일은 다 의미가 있는 거야', '이 또한 나를 성장시킬 거야' 등의 말이 위안이 될 수 있습니다. 자기 자신에게 위안이 되는 말의 리스트를 만들어 매일 반복적으로 되뇌는 것도 매우 효과적인 방법입니다.

여섯째, 주의를 다른 곳으로 돌리는 단순 기법들이 있습니다. 앞서 언급했던 구구단 외우기, 책을 소리 내서 읽기, 양 100마리 세기, 100부터 거꾸로 세기 등이 있습니다.

일곱째, 기분 전환 활동에 참여하는 것도 도움이 됩니다. 주의를 돌릴 수 있는 활동에 참여해 감정을 변화시키는 겁니다. 노래 부르기, 춤추기, 음악 듣기, 게임 하기, 운동하기, 산책하기, 목욕하기, 영화 보기, 드라마 보기 등이 있지요. 저는 이 중에서 음악 듣기나 반신욕 하기를 좋아합니다. 어떤 분들에게는 집 정리하기, 청소하기, 빨래하기, 설거지하기, 뜨개질하기와 같이 아무런 감정을 느끼지 않게 하는 활동에 계속 참여하는 것이 상처받은 감정으로부터 거리를 두게 하여 효과를 발휘하기도 합니다. 이러한 활동에 참여하는 동안은 적어도 주의를 이곳에 계속 줘야 하므로, 상처로부터 멀어져 고통이 완화될 수 있습니다.

나와의 관계를 먼저 바꿔라

상처를 치유하는 다양한 작업을 하다 보면, 결국 상처를 회복하기 위해서는 내가 나를 대하는 태도를 다뤄야 한다는 것을 뼈저리게 깨닫게 됩니다. 상처를 줬던 상대방에 대한 분노나 아픔을 작업해서 떠나보냈지만, 여전히 상처에 무능력하고 무기력했던 나에 대한 원망과 분노가 존재합니다. 또는 그 상대방의 말이나 행동보다 오히려 자신이 스스로를 더욱 비난하고 무시하고 있었음을 발견하게 됩니다.

인정이나 애정을 충분히 받아 왔음에도 불구하고, 여전히 이를 갈망하며 신경을 쓰고 상처받는 경우가 많습니다. 강의 중에 한 여성분이 이렇게 질문하셨습니다. "저는 늘 다른 사람들이 저를 인정해주는지 아닌지에 신경을 쓰고 상처를 받고 감정이 상해요. 그런데 생각해 보면, 지금껏 많은 사람들이 저를 칭찬해 줬어요. 그런데도 저는 왜 계속 인정에 목을 매달고 마음이 상할까요?"

왜 실제로 많은 인정과 사랑을 받는데도 쉽게 상처를 받을까요? 저는 그분께 "혹시 선생님은 자신을 인정해주시나요?"라고 물었습니다. 그때 그분은 잠시 멈췄습니다. 정작 자신이 그렇게 노력하고 애써왔던 스스로를 인정해주지 않았다는 것을 깨달았던 겁니다.

사실 상처를 회복할 수 있는 열쇠는 외부에 있는 것이 아니라 나 자신 안에 있습니다. 그것은 바로 내가 나를 대하는 태도에 있지요. 여러분은 자신을 얼마나 사랑하시나요? 여러분은 자신을 얼마나 인정하시나요? 자기 자신을 인정하지 못하기 때문에 다른 사람의 인정에 신경을 쓰는 경우가 정말 많습니다. 즉, 상처의 핵심은 나 자신과의 관계에 있는 겁니다. 그러니 다른 사람의 시각과 태도를 바꿀 것이 아니라, 내가 나를 대하는 태도 즉 나와의 관계를 바꿔야 궁극적으로 상처에서 벗어나 회복할 수 있습니다.

다른 사람이 여러분을 사랑하기 바라는 만큼, 여러분은 여러분 자신을 사랑하시나요? 다른 사람이 나를 인정하기 바라는 만큼, 여러분은 여러분 자신을 인정하고 계시나요?

자신이 자신을 인정하지 않기 때문에, 아무리 타인의 칭찬과 인정을 받아도 여전히 인정에 고픕니다. 자신이 자신을 사랑하지 않기 때문에, 아무리 타인의 사랑을 받아도 믿을 수 없고 사랑이 고픕니다. 내가 나를 인정하지 않고 사랑하지 않을 때, 주변으로부터 인정과 사랑을 얻어 채우려 합니다. 자신이 자신을 인정해주고 사랑해주면 되는데, 그것을 생각하지 못하고 주변으로 시선을 돌려 계속 채워달라고 기대하고 요구합니다. 거기에 꽂히고 압도당해서, 주변의 사랑과 인정을 받아서 채우려 합니다. 그러나 내가 나를 채워주기 전까지는 결코 채워지지 않습니다.

주변으로부터 항상 사랑을 받는데도 조금이라도 다른 여지가 있는 말이나 행동, 사건, 사고가 있을 때, 바로 이 순간이 내가 나를 바라보는 시각이 건드려지는 순간입니다. 내가 나에게 가진 시각의 내용을 확인시켜 주는 순간으로 바뀌어 버리지요. '그래. 내가 별 매력이 없어서 그 친구가 나를 좋아하지 않는 거야.' '그 사람은 나를 무시하는 거야.' '내가 무능력해서 이런 일이 벌어진 거야.' '내가 나쁜 아이라서 그런 일을 겪는 거야.' 즉 내가 나를 생각하는 것과 결부 지어서 상처를 만들고 아픔을 겪습니다. 왜? 내가 나를 사랑하지 않으니까. 내가 나를 인정하지 않으니까요. 주변의 애매모호한 반응들과 다른 여지가 있는 반응들이 내가 나에 대해 생각하는 것을 확인해주는 꼴이 됩니다. "그럼, 그렇지"라고요.

먼저 나에 대한 불쾌한 감정을 안전하게 해소하라

그렇다면 나와의 관계를 바꾸기 위해서는 어떻게 해야 할까요? 내가 나를 인정하지 않고 사랑하지 않아서 계속 상처받는 거라면 어떻게 해야 할까요? 바로 내가 나에 대해 갖고 있는 그 불쾌한 감정을 거두어 내야 합니다. 그 감정을 안전하게 해소해서 떠나보내야 합니다.

먼저 분노와 원망, 미움을 해소하십시오. 대부분이 자신에게 분노와 미움과 같은 불쾌한 감정을 갖고 있습니다. 그 감정이 해소되지 못한 채 표면에 계속 맴돌고 있지요. "너에게 정말 화가 나. 그렇게밖에 못하는 너에게 화가 나." "네가 정말 미워. 그것밖에 안 되는 네가 정말 미워." 그러나 사람들은 그 감정에 휘둘릴 뿐 직접 만나기를 두려워합니다. 자신에 대한 화난 감정과 만났을 때, 자신을 정말 싫어하게 될까 봐, 그리고 미워하게 될까 봐 두려워서 대놓고 만나지를 못합니다. 그저 불쾌한 감정이 있다는 것을 짐작은 하면서도 그저 외면하고 눌러 놓습니다.

그런데 여러분들이 만나지 않고 눌러 놓는다고 해서 그 감정이 얌전히 숨어 있지는 않습니다. 옆에서 "너 미워", "너 싫어"라고 속삭이며, 계속 알짱거리고 맴돌면서 괴롭힙니다. 그렇게 영향을 받아 주변 사람들의 말이나 행동, 그리고 처하는 상황이나 사건에 쉽게 상처받게 되지요. 그러니 나에 대한 그 감정을 만나서 실컷 밉다고 해 보세요. 자신이 싫다고 해 보세요. 자신에게 화가 난다고 대놓고 말해 보세요.

우리 안에 있는 그 감정은 밖으로 내보내야 해소되어 사라질 수 있습니다. 자신을 미워하는 그 감정에 주의를 기울여 말, 글, 몸으로 해소될 때까지 계속 따라가면서 꺼내 보세요. 작정하고 만나서 실컷 대놓고 미워하고 화내 보세요. 그래야 비워질 수 있습니다. 더 이상 자신을 미워하거나 싫어하지 않을 수 있습니다.

표면에 맴돌던 자신에 대한 분노와 원망의 감정이 해소되어 사라지면, 신기하게도 그 아래에 있던 자신에 대한 불쌍함과 안타까움 등 연민의 감정이 올라옵니다. 모든 사람에게는 자신에 대한 애정이 있습니다. 평생을 함께해 온 벗으로서 연민과 유대감이 있지요. 화와 미움의 감정이 비워질 때, 불쌍함과 연민은 비로소 올라올 수 있습니다. 그 순간이 자신에 대한 태도가 변화되는 지점임을 기억하십시오.

불쌍함과 안타까움의 감정 또한 충분히 느끼고 표현하면 해소됩니다. 다른 감정과 마찬가지로 불쌍하다고 계속 표현해 보세요. 불쌍한 감정에 충분히 머물러 계속 표현하는 것이 효과적입니다. "불쌍해. 그럴 수밖에 없었던 네가 너무 가여워." 그래야 이 감정도 떠나보낼 수 있게 됩니다.

우리는 누군가가 불쌍하다는 생각이 들면 그 사람을 도와주고 싶은 마음에 행동하게 됩니다. 자신에 대해서도 마찬가지입니다. 나에 대한 연민이 들 때, 비로소 나를 괴롭히는 것이 아니라 보호해주고 싶은 마음이 생깁니다. 불쌍해서 자기 자신을 안아주고 싶은 마음이 든다면, 쿠션이나 베개를 자신이라고 생각하고 충분히 안아주세요. 그럴 때 불쌍한 감정은 자기 연민과 지지를 위한 힘을 발휘합니다.

불쌍한 감정을 계속 표현하다 보면, 자연스럽게 자신을 지지하는 생각들이 올라오기 시작합니다. 전에는 "너는 부족해", "네가 잘못했어", "너는 그것밖에 안 돼"와 같이 화나고 비난하는 마음만 가득했다면, 그것이 비워지면서 불쌍한 마음이 올라오고, 자신을 지지해주고 싶은 생각도 함께 떠오릅니다. "괜찮아. 이 모습 그대로 괜찮아." "정말 애썼어. 그동안 정말 열심히 살았어." "이제 위축되지 마. 기죽지 마. 내가 지켜줄게." 이 목소리로 화와 원망이 차지하고 있던 자리가 채워지게 되지요.

자신을 지지하는 생각들이 결국 나를 지켜주는 힘이 되는 겁니다. 세상에 수많은 위험한 일들과 상처들이 있을 때, 그 힘으로 대처하고 버텨내며 살아갈 수 있게 됩니다. 그러니 자기 위안의 목소리를 찾았다면 그것을 구체적으로 적어보세요. 그렇지 않으면 쉽게 잊어버리고 맙니다. 이 메시지들이 우리 곁에 붙어 있을 때, 우리는 힘이 더 세지고 세상과 맞설 수 있게 되지요. 자기 위안의 목소리를 하루에도 여러 번 의식적으로 되뇌어서, 늘 곁에서 목소리 내도록 해 보세요.

나에 대한 관계와 인식을 수정하라

마지막으로 나에 대한 관계를 적극적으로 수정할 수 있습니다. 상처를 이겨내는 핵심이자 무기이자 힘인 자존감을 세우기 위해서는 자신을 존중하는 마음을 적극적으로 키우는 것이 가장 효과적입니다.

첫째, 자신에 대한 장점 50가지 적어보세요. 장점 각각에 대해서 "그런 나를 좋아한다", "나는 괜찮은 사람이다"를 덧붙여서 되뇌는 것이 더욱 효과적입니다.

둘째, 나를 있는 그대로 받아들이십시오. 상처를 받고 정서적으로 고통을 겪는 이유는 받아들이지 못해서입니다. '그 사람은 내게 그런 식으로 말을 하면 안 되는데.' '내가 좀 더 잘해서 그런 대접을 받지 말아야 했는데.' 상황을 받아들이지 못해서, 상대방의 말이나 행동을 받아들이지 못해서, 나 자신이 했던 말과 행동을 받아들이지 못해서, 나 자신을 받아들이지 못해서 화나고 수치스럽고 슬픕니다.

그래서 처한 상황이나 상대방의 말이나 행동, 나 자신의 말과 행동, 나를 있는 그대로 받아들이는 노력이 필요합니다. 수용은 굉장한 힘을 발휘합니다. '나에게 ○○한 일이 일어났다. 그럴 수 있음을 받아들인다', '나는 □□했다. 그런 나를 받아들인다', '나는 △△하다. 그런 나를 받아들인다' 등과 같은 내용을 넣어서 계속 반복해서 되뇌는 연습을 하는 것이 매우 효과적입니다. 이러한 의식적인 노력이 처한 상황과 자신을 받아들이는 데 도움이 됩니다.

덧붙여서 이 말씀도 드리고 싶습니다. 자신을 받아들이지 못하는 사람들은 다른 사람들이 자신을 비판적으로 판단할 것이라 생각하기 쉽습니다. '저 사람이 나를 그렇게 생각할 거야', '저 사람이 그럴 거야'라고 의심합니다. 사실 내가 나를 낱낱이 쪼개고 분석하면서 비판하니까, 다른 사람도 내가 나를 바라보는 시각으로 볼 것이라고 생각하는 거지요

또한 이들은 자꾸만 다른 사람을 판단하고 비판합니다. '저 사람은 이게 문제야.' '저 사람은 이런 모습이 있고 이것은 부족한 거야.' 내가 문제투성이이니 다른 사람도 그런 시각으로 바라보면서 받아들일 수 없는 겁니다. 결국에는 내가 나 자신을 받아들이지 못하는 면이 상대방이 나를, 또는 내가 상대방을 판단하고 비판하는 데 영향을 미칩니다. 그래서 다른 사람들에게 만족할 수 없습니다. 이 사람은 이 면에 실망스럽고, 저 사람은 저 면이 문제고 잘못이라고 말하지요.

이런 사람들은 대개 판단 기준이 지나치게 높습니다. 자신의 기준에 도달하지 못할 때는 자신이든 상대든 비판하고 비난하고 채찍질합니다. 그런 면을 완벽주의라고 볼 수 있습니다. 그러나 앞서 얘기한 바 있듯이 완벽주의는 세상에 존재하지 않는 것입니다. 사람들이 만들어 낸 이상이고 개념일 뿐이지요. 세상에 존재하지 않는 것을 자꾸 좇다 보니까 나도 부족한 사람이 되어서 스스로를 비난하고 채찍질하게 되고, 다른 사람들도 그 기준을 채우지 못하니까 부족하고 문제투성이가 되어 버립니다.

인간은 모두 불완전한데, 완벽주의적인 태도는 인간이라는 사실을 받아들이지 못하는 것이므로 상처가 될 뿐입니다. 우리는 모두 불완전한 존재임을 받아들여 보세요. 인간이라는 사실을 인정하고 받아들이려 노력하는 것입니다. 부족하고 서투를 수 있고 속이 보일 수도 있으며 창피한 행동을 할 수 있습니다. 그런 그 사람을, 그리고 그런 나 자신을 받아들여 보세요.

셋째, 자신에게 후한 점수를 주어 보세요. "그 정도면 잘했어", "최선을 다하느라 정말 수고했어", "이 정도면 잘생겼어"라고 말해 보세요. 자신에게 너그러워지세요. 많은 사람들이 자신에게 거칠고 가혹합니다. 자신에 대한 기준이 너무 높고, 그 기준을 채우지 못할 때 스스로에게 너무나 잔인하게 대합니다. 자신에게 너그러울 때, 타인에 대한 진정한 너그러움 또한 나올 수 있음을 기억했으면 합니다.

넷째, 내가 나를 사랑하고 인정해주세요. "너를 사랑해", "너 참 괜찮은 사람이야", "너 잘났어" 등의 말을 자신에게 수시로 말해주세요. 실제로 이렇게 자신에게 소리 내어 말하고 쓰다듬어 주는 건 심리학적으로 아주 건강한 행위입니다. 좀 쑥스럽고 낯설 수 있지만, 의도적으로 노력해 보세요. 자꾸 예쁘다고 하면 예뻐지고, 자꾸 잘났다고 하면 자신도 모르게 잘나 보이게 되지요. 그러다 보면 어느 순간 진심으로 자신이 괜찮은 사람으로 느껴집니다. 이와 같은 노력이 자존감을 높이는 데 효과가 있습니다.

이러한 노력을 통해 내가 나를 대하는 태도를 바꿨을 때, 궁극적으로 상처로부터 안전할 수 있으며, 받은 상처를 가능한 한 빨리 치유할 수 있고, 앞으로 닥칠 수 있는 상처에 맞서 싸울 힘이 생깁니다. 세상을 살아가는 든든한 힘인 자존감이 회복되고 높아집니다. 그러니 나 자신과의 갈등을 회피하지 말고 직접 마주하여 다뤄 보세요. 그 과정을 통해 자신과의 관계를 사이좋게 바꿔 보시기 바랍니다. 평생 함께할 수밖에 없는 자신을 진정한 벗으로 만들어 보시기 바랍니다.

나를 잃어가면서 지켜야 할 관계는 없다

초판 1쇄 발행 2020년 11월 09일
초판 8쇄 발행 2023년 07월 01일

지은이 이지영
펴낸이 이부연
책임편집 박서영
마케팅 백운호

펴낸곳 (주)스몰빅미디어
출판등록 제300-2015-157호(2015년 10월 19일)
주소 서울시 종로구 내수동 새문안로3길 30, 세종로대우빌딩 916호
전화번호 02-722-2260
인쇄·제본 갑우문화사
용지 신광지류유통

ISBN 979-11-87165-81-1 03190

- (주)스몰빅미디어는 여러분의 원고 투고를 기다리고 있습니다. 출판하고 싶은 원고가 있는 분은 sbmedia15@gmail.com으로 기획 의도와 간단한 개요를 연락처와 함께 보내주시기 바랍니다.
- 스몰빅라이프는 (주)스몰빅미디어의 자기계발/실용 브랜드입니다.

이 도서의 국립중앙도서관 출판예정도서목록(CIP)은 서지정보유통지원시스템 홈페이지(http://seoji.nl.go.kr)와 국가자료종합목록 구축시스템(http://kolis-net.nl.go.kr)에서 이용하실 수 있습니다.
(CIP제어번호 : CIP2020039301)